红色广东丛书

苏兆征

卢权　禤倩红　著

SPM
南方出版传媒
广东人民出版社
·广州·

图书在版编目(CIP)数据

苏兆征/卢权，禤倩红著.—广州： 广东人民出版社，
2021.6

(红色广东·广东工农运动领袖)

ISBN 978-7-218-14561-7

Ⅰ.①苏… Ⅱ.①卢… ②禤… Ⅲ.①苏兆征（1885-
1929）–传记 Ⅳ.①K827=6

中国版本图书馆 CIP 数据核字（2020）第 209592 号

SU ZHAOZHENG

苏兆征　　卢　权　禤倩红　著

出 版 人：肖风华

责任编辑：夏素玲　谢　尚
责任技编：吴彦斌　周星奎
封面设计：河马设计　李卓琪
排版制作：邦　邦

出版发行：广东人民出版社
地　　址：广州市海珠区新港西路 204 号 2 号楼（邮政编码：510300）
电　　话：（020）85716809（总编室）
传　　真：（020）85716872
网　　址：http：//www.gdpph.com
印　　刷：广东鹏腾宇文化创新有限公司
开　　本：787mm×1092mm　1/16
印　　张：9.25　　字　数：88.5 千
版　　次：2021 年 6 月第 1 版
印　　次：2021 年 6 月第 1 次印刷
定　　价：38.00 元

《红色广东丛书》编委会

主　　编：陈建文

副主编：崔朝阳　李　斌　杨建伟　谭君铁

编　　委：（以姓氏笔画为序）

王　涛　刘子健　肖风华　沈成飞

陈　飞　陈春华　林盛根　易　立

钟永宁　徐东华　郭松延　黄振位

曾庆榴　谢　涛　谢石南

总　序

百年征程波澜壮阔，百年大党风华正茂。习近平总书记在党史学习教育动员大会上指出："我们党的一百年，是矢志践行初心使命的一百年，是筚路蓝缕奠基立业的一百年，是创造辉煌开辟未来的一百年。"翻开风云激荡的百年党史，一代又一代中国共产党人，用鲜血和生命浸染了党旗国旗的鲜亮红色，书写了可歌可泣的历史篇章，铸就了彪炳史册的丰功伟绩。一百年来，党的红色薪火代代相传，革命精神历久弥坚，红色基因已深深根植于共产党人的血脉之中，成为我们党坚守初心、永葆本色的生命密码。

广东是一片红色的热土，不仅是近代民主革命的策源地，也是国内最早传播马克思主义、最早成立共产党早期组织的省份之一。在新民主主义革命的漫长历程中，广东党组织在中共中央的领导下，发动、组织和领导广东人民开展了一系列广泛而深远的革命斗争。1921年，广东党组织成立后，积极开展工人运动、青年运动，并点燃农民运动星火。第一、二、三次全国劳动大会连续在广州召开，全国工人运动的领导机关——中华全国总工会在广州诞生。中国社会主义青年团第一次全国代表大会在广州召开，促进了全国团组织的建立、发展。在"农民运动大王"彭湃领导下，农潮突起海陆丰影响全国。

1923年，中共中央机关一度迁至广州，中国共产党第三次全国代表大会在广州召开，推动形成了第一次国共合作，建立了国民革命联合战线，掀起了大革命的洪流。随后，在共产党人的建议下，黄埔军校在广州创办，周恩来等共产党人为军校的政治工作和政治教育作出了重要贡献，中国共产党也从黄埔军校开始探索从事军事活动。在共产党人的提议下，农民运动讲习所在广州开办，先后由彭湃、阮啸仙、毛泽东等共产党人主持，红色火种迅速播撒全国。1925年，广州和香港爆发省港大罢工，声援五卅运动，成为大革命高潮时期一个十分引人注目的重要斗争。1926年，在统一广东革命根据地后，国民革命军在广州誓师北伐，以共产党员为骨干的北伐先锋叶挺独立团所向披靡，铸就了铁军威名。在北伐战争胜利推进的同时，广东共产党组织和党领导的革命队伍迅速扩大和发展，全省工农群众运动也随之进入高潮。

1927年"四一二"反革命政变以后，广东共产党组织在全国较早打响反抗国民党反动派血腥屠杀的枪声，广州起义与南昌起义、秋收起义一起，成为中国共产党独立领导中国革命、创建人民军队的伟大开端。随后，广东党组织积极探索推进工农武装割据，在海陆丰建立第一个县级苏维埃政权，并率先开展土地革命，开启了中国共产党领导人民进行的最重大的社会变革。与此同时，广东中央苏区逐步创建和发展起来，为中国革命的发展作出了不可磨灭的贡献。1931年，连接上海中共中央机关与中央苏区的中央红色交通线开辟，交通线主干道穿越汕头、大埔，成功转移了一大批党的重要领导，传送了重要文件和物资，成为土地革命战争时期党的红色血脉。1934年，中央红军开始了举世瞩目的长征，广东是中央红军从中央苏区腹地实施战略转移后进入的第一个省份，中央红军在粤北转战21天，打开了继续前进的通道，成功走向最后的胜利。留守红军在赣粤边、闽粤边和琼崖地区进行了艰苦卓绝的游击战争，高举红旗永不倒。

抗战全面爆发后，中共中央和中共中央长江局、南方局十分重视和加强对广东党组织的领导，选派了张文彬等大批干部到广东工作。日军侵入广东以后，广东党组织奋起领导广东人民开展敌后抗日游击战争，成立了东江纵队、琼崖纵队、珠江纵队、广东人民抗日解放军、南路人民抗日解放军和韩江纵队等抗日武装，转战南粤辽阔大地，战斗足迹遍及70多个县市。华南敌后战场成为全国三大敌后抗日战场之一，党领导的广东人民抗日武装被誉为华南抗战的中流砥柱。香港沦陷以后，在中共中央的领导和周恩来等人的精心策划安排下，广东党组织冲破日军控制封锁，成功开展文化名人秘密大营救，将800多名被困香港的文化名人、爱国民主人士及家眷、国际友人等平安护送到大后方，书写了抗战史上的光辉一页。

解放战争时期，在中共中央的领导下，华南地区大力开展武装斗争，开辟出以广东为中心的七大块游击根据地，成立了中国人民解放军琼崖纵队、粤赣湘边纵队、闽粤赣边纵队、桂滇黔边纵队、粤中纵队、粤桂边纵队和粤桂湘边纵队等人民武装，其中仅广东武装部队就达到8万多人，相继解放了广东大部分农村，在全省1/3地区建立起人民政权，为广东和华南的解放创造了有利条件。在广东党组织的配合下，人民解放军南下大军发起解放广东之役，胜利的旗帜很快插遍祖国南疆。

革命烽火路，红星照南粤。广东见证了中国共产党从新生到大革命、土地革命，再到抗日战争、解放战争等革命斗争全过程。其间，毛泽东、周恩来、刘少奇、朱德、邓小平、叶剑英、彭德怀、刘伯承、贺龙、陈毅、聂荣臻、徐向前、李富春、粟裕、陈赓等老一辈革命家和李大钊、蔡和森、瞿秋白、陈延年、彭湃、叶挺、杨殷、邓发、张太雷、苏兆征、杨铇安、罗登贤、邓中夏、恽代英、萧楚女、阮啸仙、张文彬、左权、刘志丹、赵尚志等一大批革命先烈都在广东战斗过，千千万万广东优秀儿女也在革命斗争中抛头颅、洒热血，留下了光照千秋的革命历史和革命精神。广东这片红色热土，老区苏区遍布全省，大大小小的革命遗址分布各地，留下了宝贵而丰厚的红色文化历史遗产。

习近平总书记强调，中国革命历史是最好的营养剂。重温这部伟大历史能够受到党的初心使命、性质宗旨、理想信念的生动教育，必须铭记光辉历史、传承红色基因。我们有责任把党领导广东人民进行革命斗争的光辉历史和伟大功绩研究深、挖掘透、展示好，全面呈现广东红色文化历史，更好地以史铸魂、教育后人，让全省人民在缅怀英烈、铭记历史中汲取砥砺奋进的强大力量，让人们深刻认识红色政权来之不易，新中国来之不易，中国特色社会主义来之不易，确保红色江山的旗帜永远高高飘扬。

为充分挖掘广东红色文化资源的丰富内涵，我们组织省内党史、党校、社科、高校等专家学者，集智聚力分批次编写《红色广东丛书》。丛书按照点面结合、时空结合、雅俗结合原则，分为总论、人物、事件、地区、教育五个版块。总论版块图书，主要综述中国共产党在广东的革命斗争历史概况，人物版块图书主要讴歌广东红色人物，事件版块图书主要论说党领导广东人民开展革命斗争的历史事件，地区版块图书从地市和历史专题角度梳理广东地域红色文化，教育版块图书着力打造面向青少年及党员的红色主题教材。丛书以相关的文物、文献、档案、史料为依据，对近些年来广东红色文化资源研究成果做了一次全面系统梳理，我们希望这套丛书能为党史学习教育、革命传统教育、爱国主义教育提供重要内容支撑。

一切向前走，都不能忘记走过的路，走得再远、走到再光辉的未来，也不能忘记走过的过去，不能忘记为什么出发。站在"两个一百年"的历史交汇点上，我们要更加坚定自觉地学史明理、学史增信、学史崇德、学史力行，赓续红色血脉，传承红色基因，以一往无前的奋斗姿态、风雨无阻的精神状态，推动广东在全面建设社会主义现代化国家新征程中走在全国前列、创造新的辉煌。

《红色广东丛书》编委会

2021年6月

目　录

鼓舞。在苏兆征领导斗争的胜利鼓舞下，其他轮船的中国海员也相继开展了一些反虐待、反克扣工资、要求改善待遇以及痛惩横行霸道的工头等斗争活动，取得了不同程度的胜利。

苏兆征与林伟民等人是这次罢工斗争的实际领导人，在整个罢工过程中，起到重要的组织领导作用，作出了杰出的贡献。

1923年，苏兆征从船上返回香港，带领海员群众开展了扫除内奸、整顿工会的斗争。在前段实践过程中，苏兆征深深感到，过去海员工会组织涣散，战斗力不强，很大程度上与基层组织不纯和不健全有关。因此他与林伟民带领海员着力整顿工会基层组织，在各轮船上普遍建立支部，作为工会的基层组织，以团结广大海员，积极开展活动。

针对香港工人群众的实际情况，苏兆征与邓中夏、杨殷等人经过反复研究后，决定从两个方面结合进行工作。一方面，通过党团员和工人、青年学生中的积极分子，深入到群众中进行宣传发动工作，号召人们投入反帝洪流之中；另一方面，与各工会领导人广泛接触，激发他们的爱国热情，带领工人群众加入反帝斗争的行列之中。

　　苏兆征与刘少奇等一起，通过中华全国总工会、湖北省总工会等17个团体联合成立了"武汉人民对日委员会"，领导武汉人民掀起抗议日本帝国主义暴行的斗争。在中国人民的严正抗议下，终于迫使日本领事答应撤退日本水兵等项条件。国民政府还组成了以苏兆征等三人为首的"四三惨案失业工人救济委员会"，负责处理有关事宜。

　　党中央为了让苏兆征地下工作的方便，特意把他的妻子和儿女从广东接到上海，在上海福煦路（现金陵西路）马吉里地方租了一间房子居住，以作掩护。他经常化装外出工作，时而以茶叶商人的身份出现，身穿马褂，戴着金丝眼镜，化名黄老板；时而又身穿西装外出，有时还带着孩子掩人耳目。他机智地越过敌人设下的重重陷阱，巧妙地甩掉特务的盯梢，出生入死地积极开展工作。

　　中国工会代表团以苏兆征为团长出席大会，受到了人们的热烈欢迎。苏兆征代表中国工会在会上作了关于中国职工运动问题的报告，详细介绍中国工人阶级成长的历史以及当前反抗帝国主义与国民党反动派的斗争情况和经验教训，引起了各国工会代表的普遍注意。

　　苏兆征从苏联返回上海后，由于一直孜孜不倦地工作，终于劳累过度，在全国总工会第二次扩大会议结束后不久便又病倒了，而且病情日趋严重。但他仍以党的利益为重，严守党的秘密，既不愿将病情告诉别的同志，以免增加党的负担；也不愿将党组织的秘密联络地址轻易告诉家人，以免给党造成不利和危险。

第一章

勤劳少年

在中国南方珠江口伶仃洋上，屹立着一个位置重要的海岛，名叫淇澳岛。它就是中国早期工人运动的杰出领导人苏兆征的故乡。1885年11月11日（光绪十一年十月初五日），他出生在淇澳岛东溪坊的一个贫苦农民家庭里。当时，

珠海淇澳岛东溪坊苏兆征故居

苏兆征故居陈列

勤劳少年

淇澳岛属广东省香山县管辖，现在则属珠海市淇澳管理区。

苏兆征出生时，中国正处于清朝的封建统治和帝国主义列强的侵略之下，沦为半封建半殖民地社会。中国人民陷于水深火热之中。苏兆征的家乡香山县，靠近香港、澳门，是遭受外国资本主义侵略最早、最严重的地区之一，在经济方面深受其害。"洋货"充斥市场，使香山一带原来较为发达的手工业和人民群众的生活都深受打击。

淇澳岛自然条件优越，土地肥沃，资源丰富，拥有一片片的良田和浅海渔场，盛产具有特色的各种农渔副产品，是一个美丽富饶的鱼米之乡。但是淇澳同样在帝国主义和封建主义两座大山的压迫之下，众多农民和渔民过着十分贫困的生活。不少人在家乡无以为生，只好离乡别井，跑到香港、澳门以及南洋各地寻求生计。一些人还到外国轮船上做工，

苏兆征父亲苏厚荣

从事海员职业。

苏兆征在家乡从小就过着贫苦的日子，经受着生活的磨炼。他父亲苏厚荣，是一位老实忠厚、为人善良、刻苦勤劳的农民。苏厚荣家中除有一间房屋外，别无其他产业了。他早年曾经当过本村地主的雇工，后来租佃了财主苏雨田的几亩薄田瘦地耕种，每年都要缴纳昂贵的租金。母亲钟偶是一位勤劳俭朴、性情善良、疼爱孩子的女性，日间除辛勤操持家务、抚养孩子外，还要腾出时间做些副业，以帮补家用。苏厚荣和钟偶先后共生下七个孩子，三男四女。苏兆征在七兄弟姐妹中排行第二，乳名叫做阿吉。父母亲给他取这个名字的用意，是祈望孩子的出生会给家中带来吉利，也祈望孩子日后有一个好的命运。但苏兆征出世后，家中的经济境遇得不到什么改善，相反因为人口的增加，经济负担更重了。

苏兆征母亲钟偶

勤劳少年

苏兆征从小就过着食不饱、穿不暖的苦日子。他的儿童、少年时代没有穿过一件母亲专为他缝制的新衣服，也没有穿过一双新鞋子。冬天寒冷季节，他依然光着脚板，穿着一补再补的单衣。母亲去田间劳动时，把小兆征背在背上干活；干得累时，就将他放在田头，让他自己在地上爬滚。母亲看见他身上满是泥巴，虽然心疼，但也顾不了。

待苏兆征长到六七岁时，下面的弟弟妹妹又相继出生了。那时，苏兆征已渐渐懂事了，不用母亲照顾，还开始担负起照顾弟弟妹妹的责任。他帮助父母亲料理家务，煮饭、切猪菜以及携带弟妹出外玩耍。年纪再稍长时，他就懂得为家计操心，替父母分担家庭困难。日间，他常常与邻近的孩子一道，跑到村外，或攀登淇澳岛上的山冈，砍柴割草，挑回来给家里做柴火用。村上的猪牛都是放养的，他背上箩筐，在村里来回奔跑，捡拾地上的牛粪猪屎，交给父母做肥料用。农忙时分，父母亲一大早便到田间干活，因路途遥远，经常顾不得回家吃饭。懂事的苏兆征有时便挑着食物，送到田头给父母吃。他还跟随父母到田间劳动，莳田耘草，割禾打谷，样样都做。

为了减轻家里负担，增加一些收入，苏兆征少年时代曾为本村地主苏雨田打过零工，放过牛。财主十分刻薄，经常借故刁难、辱骂苏兆征，或借口克扣他的工钱。苏雨田家里的孩子也时常欺负苏兆征。为了不让父母亲担忧和伤心，他只好忍受下来，没有把这些事情告诉父母亲。他从小就老成持重，十分懂事，在弟妹中有威信，也受到邻居长者的器重。

苏兆征的父亲平日对儿女的管教很严格，经常叮嘱孩子们说："我们苏家人穷志不短，一定要光明正大，做一个老实人，千万不要干那些偷鸡摸狗的亏心事。"父母亲勤俭刻苦和诚实忠厚的品德，对苏兆征有很大影响，使他从小就养成了勤劳节俭、诚实刚毅的性格。

苏兆征到十多岁时，因为家境贫穷，一直没能入学读书。他十分渴望能够上学念书，每次外出拾粪经过村里的私塾时，总是恋恋不舍地站在私塾门口张望着里面学生们读书的情景。但他知道父母亲的困难，所以一直不敢向他们提出读书的要求。他的心事后来给外祖母知道了。外祖母把自己平日的积蓄拿出来，给他作学费；又得到私塾的王步千老师的同情和照顾，苏兆征方才得以入学读书。

苏兆征入学后，懂得读书的机会来之不易，因此十分勤奋用功，认真读书写字。他放学回家做完家务后，就捧着书本孜孜不倦地读起来。家里没有钱购买纸张写字，他就向邻居要来一本旧历书，利用旧历书的背面来抄书写字。他学习用功，留心听课，进步很快，得到了王老师的赞扬。苏兆征特别喜欢珠算这门功课，平日十分认真学习，经常进行演算，很快就掌握并能熟练地运用了。他时常主动为家里或邻居打算盘计数，得到他们的称赞。由于他的基础打得牢，日后算盘便成为他从事革命工作时的一件有用工具。

私塾王步千老师是一位思想比较开明、性格刚直有正义

淇澳岛风光

感的知识分子，对当时列强侵华、国家积弱的状况感到忧虑不安。王老师喜欢勤奋好学的苏兆征，耐心地辅导他，勉励他要发奋做人，努力上进，做一个对社会有用的人。王老师有时还买一些笔墨纸张送给苏兆征学习用。在王老师的热心关怀和教导下，苏兆征的学业突飞猛进；特别是在思想认识方面，有很大提高。

淇澳岛是一个英雄的岛屿，具有抗击殖民主义者侵略的光荣传统，曾经涌现过一些卫国保疆的英雄人物和事迹。

由于淇澳岛地处珠江出口处，扼中国南大门水路交通的咽喉，地理位置险要，因此很早以来就为西方殖民主义者所垂涎。当初英美殖民主义者前来中国贸易时，猖狂地向中国走私鸦片，从中攫取暴利。他们初时于广州黄埔一带进行非法交易，遭广东当局一再下令禁止后，便将非法交易场所转移至珠江口金星门唐家、淇澳一带海面。与此同时，这些殖民主义者还猖狂地进行拐卖人口等罪恶勾当，又在唐家、淇澳一带进行罪恶活动。他们经常闯上淇澳岛，行凶作恶，强宿民居，殴打村民，调戏妇女，抢掠牲畜，真是无恶不作。除此之外，英美侵略者还曾想强占淇澳岛作为其侵略中国的据点，派人到淇澳进行探测活动，并偷偷地竖立界碑。

英美侵略者在淇澳一带所进行的各种罪恶活动，激起了淇澳人民群众的无比愤慨，大家一再奋起给予还击。清道光十三年（1833年）春天，英美鸦片贩子的趸船又驶来珠江口，进行贩烟非法活动，其间曾多次窜上淇澳岛骚扰村民。淇澳

淇澳岛祖庙，少年时代苏兆征常到这里听老人讲述反帝斗争故事。

人民对此十分愤恨。有一次，他们又窜上淇澳岛作恶，淇澳群众一早埋伏在半路迎击来犯者，当场打死打伤多人，其余的英美鸦片贩子吓得魂不附体，赶紧逃回船上。清道光十六年（1836年），美国侵略者（一说是英国侵略者）的十多艘武装帆船，在船长威廉·柯尔所乘"马士顿"号的统率下，向淇澳岛进犯。淇澳村民在钟九霞的指挥下，同仇敌忾地投入到抗击侵略者的战斗，给予敌人以沉重打击。为了保存性命，来犯者举起白旗，向淇澳群众乞降求饶，后来答应赔偿白银三大埕，方才得以狼狈退走。事后淇澳人民将赔款修筑了一条环村石路，以警示后代永远不能忘记这一段英勇抗击侵略者的光辉历史。这条环村石路称为"白石街"。

淇澳村中有一间祖庙，日常村中老人经常在祖庙门前古榕树下乘凉，谈天说地，议论时政。苏兆征少年时代也时常跑到祖庙玩，反复听村中老人讲述前辈们英勇反抗外国侵略者的动人事迹，不断受到爱国主义思想的熏陶。有一天，他与同学们一道，在王步千老师带领下，特意沿着白石街走了一遍。王老师边走边讲述白石街的历史。苏兆征对先辈们不畏强暴、敢于斗争的大无畏精神感到无比自豪，并激励自己要向先辈们学习，牢记家乡先辈英勇抗击外国侵略者的光辉历史，日后要做一个热爱家乡、不畏强暴的坚强的人。

淇澳岛南距澳门只有二十里，东南距香港也不过数十里。平日，岛上居民经常来往于淇澳与香港、澳门之间，也有不少人到香港、澳门打工。香港、澳门发生了什么事情，消息

勤劳少年

用外国侵略者赔款建造的淇澳岛白石街，少年时代苏兆征曾由老师带领到这里接受反帝爱国教育。

很快就会传到淇澳来。澳门从来就是中国的领土，至明朝嘉靖年间为葡萄牙所占据。清朝在鸦片战争中失败后，葡国乘英法侵略中国得逞之际，也向清政府提出侵略要求，妄图迫使清政府签订承认其霸占澳门的条约；同时极力在澳门地区展边扩界，肆意侵占中国领土。葡萄牙的侵略行径，激起了香山人民群众的强烈反对，他们自发地奋起举行了一系列反抗活动。就在苏兆征出生后的第三年，即 1887 年，在葡萄牙的强迫下，清政府与其签订了《中葡里斯本草约》，竟然承认葡国"永驻管理澳门以及属澳之地"，但对澳门界址则未作明确规定。葡萄牙乃乘机将原属香山管治的前山、湾仔、南屏一带地方归为其管辖，派兵到那里登记门牌造册。葡萄牙一再侵略我国的行径，更加激起了香山人民群众的愤怒，香山人民在强烈要求清政府与葡方交涉，制止其侵略行径的同时，继续自发地开展了抗击侵略、维护疆界的斗争。近在咫尺的唐家、淇澳等地，亦有不少人在香山打工，或有亲朋戚友居住在湾仔、前山一带，几地互相间休戚相关，利害与共。消息传来，群情激愤，他们纷纷表示声援并参加维护疆界、反抗葡人侵略的斗争。但是腐败不堪的清朝统治者不顾香山人民的强烈反对，竟然与葡方签订了卖国条约，不仅使葡萄牙侵略者在中国得到了与其他侵略者相同的特权，而且丧失了中国对澳门的领土主权。

葡萄牙对我国的疯狂侵略罪行以及清政府的无耻卖国行径，使包括淇澳在内的香山人民群众进一步看清他们的无耻嘴脸。葡萄牙的侵略罪行和清政府的无耻卖国行径，也就成为了此期间淇澳群众的经常性话题。人们时常聚集在村中祖庙门前议论这一事件，同声谴责侵略者和卖国者的罪恶行径。对于帝国主义的侵略罪恶及其给中国人民带来的深重灾难，苏兆征当时年幼，尚理解不深，但由于经常反复地听到家乡老人们对这些事件的议论，一再受到爱国主义思想的教育，脑海中渐渐激起了对帝国主义侵略者的憎恨，开始奠下了反抗帝国主义侵略的思想基础。

第二章 步入社会

　　清光绪二十九年（1903 年），苏兆征 18 岁了。因为在家乡难以谋生，年轻的苏兆征只好离乡背井，跟随一些同乡跑到香港寻找工作。他在一个乡亲处暂时借到一个栖身之地后，日间便忙于找寻工作。他发现，要在香港找一份工作，比自己当初想象的困难得多了。香港是富人的天堂，穷人的地狱。香港虽有林立的高楼大厦，市况繁华；但同时又有无数穷人却因找不到工作，生活无着，流浪街头，无家可归。经过多番奔跑和求情，他方才在一个码头找到一个临时搬运工的活。他每天手脚不停地整天劳动，却只拿到十分微薄的工钱，又要被包工头从中克扣，剩下的钱几乎连吃两顿饭都不够。他在工地拼命干了几个月，但包工头仍嫌他"懒惰"而把他开除了。

　　几个月后，经过一位当海员的亲友帮忙，苏兆征找到一间包工馆，请求包工头介绍一份工作。包工头见他年富力强，老实可欺，于是答应帮他介绍一份工作，但同时又提出了一系列苛刻条件。苏兆征急于找到职业，饥不择食，只好答应下来。不久，他总算在一艘英国怡和洋行所属的"乐生"号轮船上找到一份工作，从此步入社会，开始了经受惊涛骇浪的海员生涯。

苏兆征在"乐生"号的职务，就是当侍仔。这是船上劳累下贱的工种之一。他要随时听候包工头的差遣呼唤，每天都要侍候船上的外籍海员。当外籍海员用膳时，便要为他们倒茶递菜；他们用膳完毕，便要洗刷碗碟，清洁卫生。此外，他还要服侍船上的职员，帮他们整理床铺，清洁用具，并要随时听候他们差遣等。苏兆征每天要干十六七小时的活，每月所得工银仅有十几元，却还要被包工头从中克扣勒索，逢年过节又要向包工头送"孝敬费"等，结果就所剩无几了。他在船上虽然勤勤恳恳，十分谨慎小心地工作，但仍然经常

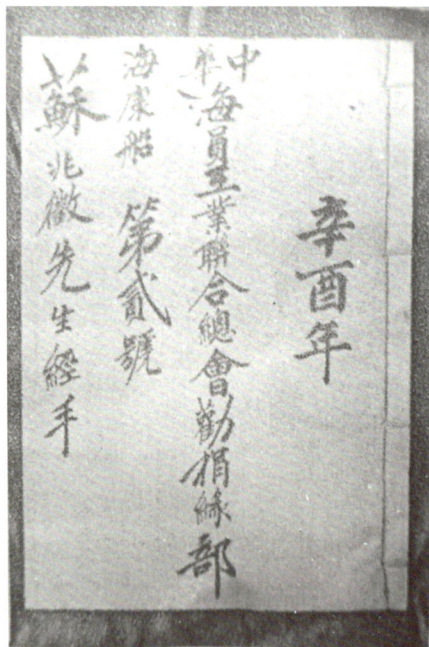

苏兆征当海员时使用过的劝捐缘部

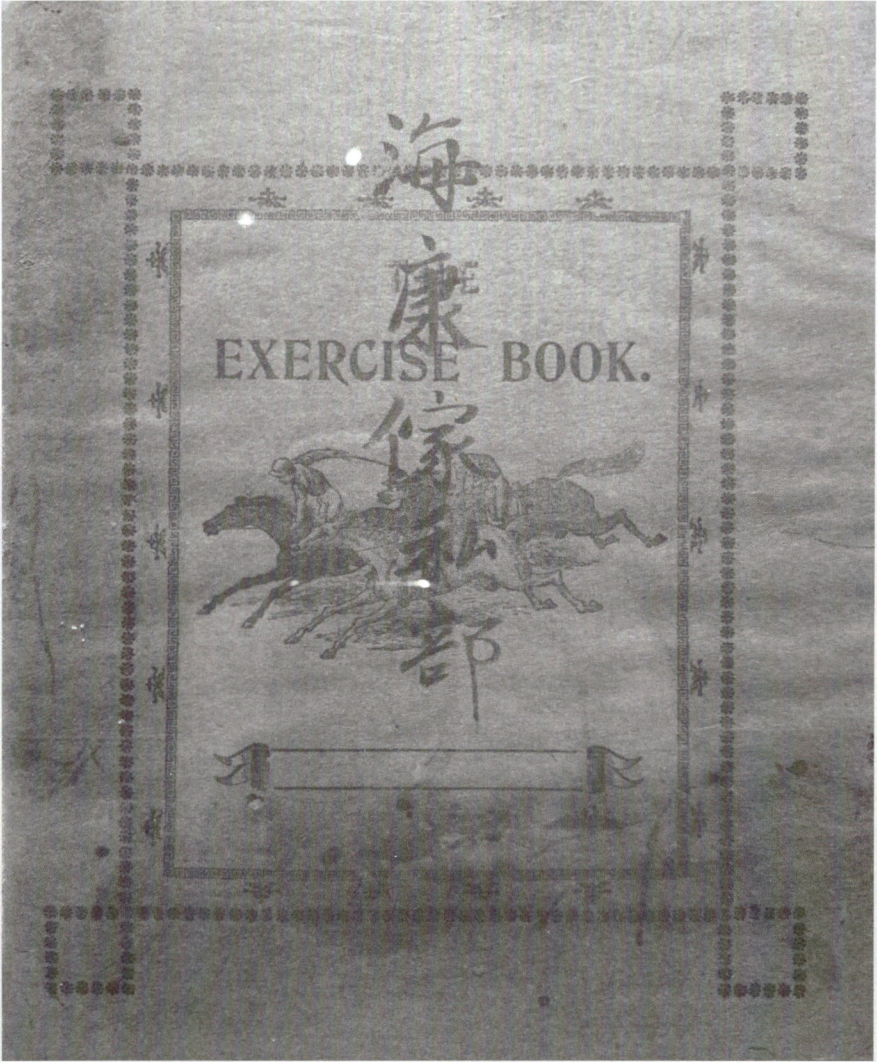

苏兆征在海康轮船工作时使用的家私登记部

受到外籍职员和包工头的诸多责骂和刁难。有一次，苏兆征因一些小事情顶撞了包工头。包工头便像疯狗一般咒骂苏兆征，还动手打他。苏兆征实在忍受不住，与他辩理，包工头就不由分说地把他开除上岸了。为了养活家人，苏兆征只好又向其他包工馆求职，接受同样苛刻的条件，后来又上了一艘"海檀"号当侍仔。但在船上干了一段时间后，他又被无理解雇了。以后，他断断续续地在其他轮船上打工，依然受到种种苛刻的盘剥和欺凌。

苏兆征与其他海员一样，在长期的海员生涯中，不仅在经济上遭受非人的待遇和残酷的剥削，在政治上也受到种种难以忍受的歧视迫害。在外国资本家眼中，中国海员连猪狗都不如，他们经常受到诋毁人格的种种谩骂和侮辱。在同一艘轮船上，外籍海员的工资往往比中国海员高出数倍，各种待遇享受也有很大差别。轮船经过一些外国港口时，当局往往不准中国海员上岸，甚至把中国海员看作奴隶一般，要施行侮辱性的验肛门、通喉咙等所谓卫生检查；有时准许中国海员上岸了，却又规定他们不准随意进出高级酒店、戏院、理发馆等，甚至连公园等公共场所也不准随便进入。苏兆征在长期的海员生涯中，有机会接触到不少在外国受尽欺凌苦难的华侨工人，目睹他们从事着十分沉重低贱的工作，居住在条件极差的贫民窟。不少华侨工人找不到工作，沦落街头，生活无着，十分凄凉。一些苦难华工向苏兆征倾诉自己所受的种种苦难，迫切盼望着祖国能早日富强兴盛起来，不受欺负，摆脱困境。

长期痛苦、悲惨的海员生涯，使苏兆征深深感受到帝国主义者和资本家对中国穷苦工人的压迫剥削的残酷性；同时感受到中国穷苦工人和苦难华工之所以受到外国资本家和种族主义者的欺凌迫害，是与国家积弱、政府腐败无能有很大关系。少年时代受过反帝爱国主义思想熏陶的苏兆征，面对残酷的欺凌剥削，对帝国主义者和外国资本家的反抗情绪更日渐强烈，为他日后坚定地从事反抗帝国主义和民族解放事业进一步奠定思想基础。

当时，资产阶级民主革命家孙中山为推翻清朝反动统治而经常奔走海外，进行革命活动。他在乘坐轮船往来海内外从事革命活动的旅途中，苏兆征、林伟民慕其他海员有机会

苏兆征（右）和香港工人运动领袖何耀全

淇澳岛文昌宫，苏兆征在这里组织自治会和阅读社。

与他接触。孙中山平易近人，在船上时常主动找中国海员攀谈，从中了解海员们的生活思想情况。海员们久慕孙中山的大名，对他十分敬仰。苏兆征、林伟民与孙中山同是广东香山人，语言相通，用家乡话倾谈起来，格外亲切。苏兆征向孙中山介绍了中国海员的工作、思想和生活等方面的情况，使孙中山从中看到了海员中间所蕴藏的革命力量。于是，孙中山热情地向海员们宣传革命主张，鼓励他们组织起来，参加他所从事的反清革命活动。在孙中山的鼓励和影响下，海员们先后成立了联谊社、公益社等一类团体，除积极为海员们谋福利外，也毅然投入到支持革命党人的革命活动中。

苏兆征积极参加海员的组织活动，成为其中的积极分子。1908 年，苏兆征加入了孙中山所创建的中国同盟会，后来同盟会改组为国民党时，他又加入了国民党，从此积极投身于旧民主主义革命的洪流中。他和其他海员一起，冒着生命危险，为革命党人传递消息，秘密运送武器弹药及其他物资，为革命党人筹集活动经费；有时革命党人遇到密探追捕，海员们便机智地掩护和帮助他们脱险。有一次，革命党人计划在广东境内发动武装起义，要求苏兆征等海员协助其运送一批军火。海员们于是制造了一批箱子，把武器藏在里面，伪装成一些大人物的行李物品，在箱子外面故意贴上某某大人物的名片，放在船上显眼的位置。海关等有关人员虽然看见了，却不敢贸然打开检查，生怕冒犯了大人物。船到了香港后，海员们便说要送去某某大酒店交给某某大人物，所以有关方面人员也不敢阻拦。这批军火就这样顺利地过了关，安全、及时地交到了革命党人手中。由于苏兆征、林伟民和其他海员们在推翻清朝统治的斗争中所作的贡献和突出表现，因此被誉为"广东方面的活动分子"。为了表彰苏兆征、林伟民等海员在辛亥革命中所作的贡献和卓越表现，孙中山曾多次亲笔写信及题词给他们留念。

苏兆征在当海员期间，有时因失业回到家乡淇澳居住一些时日。他时常跑到村中祖庙门前，利用与乡亲闲谈聊天的机会，向大家介绍海外的见闻和孙中山领导反清斗争的情况，结合讲解当时革命潮流的一些道理。大家听了苏兆征的宣传解释，很受启发，思想认识也有所提高。他还与村中青年农民钟梅吕、蔡安宝、蔡树宽、姚传杰以及他小时候的老师王步千等人经常在村外的文昌宫聚谈，并组织了一个阅报社，让王步千老师讲解苏兆征从海外带回来的一些书报，同时结合时政进行议论。在此基础上，他又进一步发动大家组织了一个自治会。通过这些组织，他把村中的贫苦农民进一步团结起来。

淇澳有些青年，原来是与苏兆征一道出外当海员的，后来因怕辛苦和危险，跑回家乡不干了，但在家中又找不到生计，因此生活十分困难。苏兆征一再耐心向他们开导说："你们在家里不去打工，家中怎样养得起你们呢？我们青年人还是到外面闯一条出路吧！大家在外面，可以互相照顾，有事多商量，什么困难都好解决。所以大家还是出门闯闯吧！"

一些青年听了苏兆征的话后，明白了道理，后来又跟苏兆征到船上当海员去了。

苏兆征还在家乡积极宣传破除封建迷信和改革旧的风俗习惯，如主张剪辫，反对奉神拜鬼，反对封建婚姻，提倡文明结婚，不摆酒席，举行简单的仪式等，同时动员自己家人带头移风易俗。苏兆征对乡亲进行宣传演讲时，往往不辞劳累，连饭也顾不得吃。苏兆征还与村里一些青年开展开山造林活动，在土名"灯塔"的地方，种下了一批松树。为了筹

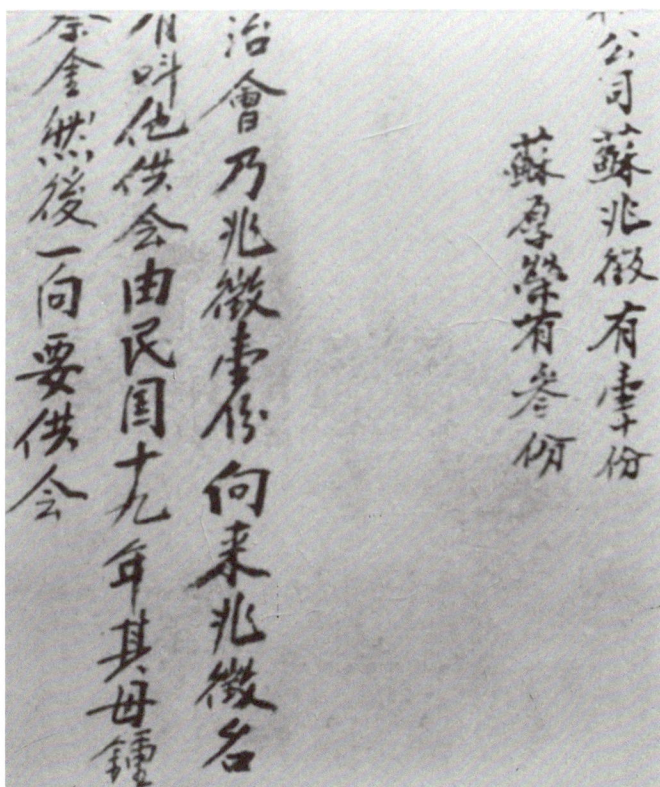

记载苏兆征早年在家乡组织种植公司和自治会的记事册

集开山造林的资金，他们成立了一个种植公司。苏兆征带头认了 10 股，父亲苏厚荣在他带动下，也加入了 3 股。公司章程订明：日后树木长大时，将收入所得分给贫苦会员以帮补其家庭开支。由于苏兆征为人忠厚正直，待人诚恳，见义勇为，村里群众也就更加信任和尊敬他，有事情都喜欢找他商量解决，把他当作知心人。而群众的信赖，又不断激励着他树立为劳苦群众谋利益而斗争的信念，决心带领贫苦农民进一步开展改革旧习俗和反对恶势力的活动。

不久，一些乡亲向苏兆征揭露村中公尝田等物业被地主豪绅苏雨田、王凤和、唐三才等任意霸占私分的情况。苏兆征于是找自治会成员蔡树宽、蔡辅廉等人商量，准备发动乡亲们起来清算他们的账目。

苏兆征在家乡的一系列活动，日益使地主豪绅们坐卧不安。他们派人找苏兆征表示，如果苏兆征安分守己，就给予好处。遭苏兆征拒绝后，他们便改用威胁恐吓手段。但苏兆征仍不为所动。于是他们对苏兆征更恨之入骨，决定先下手为强，串通反动官府对苏兆征进行迫害。

有一天，几名民团奉命前往苏家捉拿苏兆征。因敌人来得突然，苏兆征走避不及，结果被抓住了；未经任何审讯，苏兆征就被投入监狱。苏兆征在狱期间，村中地主苏雨田等又派人利诱他与地主豪绅们和解，如果答应了，立即让当局释放他，并给他好处。苏兆征坚贞不屈，严词斥责苏雨田之流卑鄙无耻。当局审讯他时，他当场揭露村中地主豪绅与当局狼狈为奸、任意欺凌压榨穷人的种种事实，使得对方狼狈不堪。他的老师王步千也因此牵连被捕，后来病死狱中。还有受到苏兆征影响的青年农民蔡树宽、蔡辅廉等五人，因为继续坚持反抗地主豪绅霸占村中公尝田的恶霸行为，后来也惨遭杀害。

　　苏兆征坐了一年多的牢后，方才被释放出来。反动统治者的迫害，并没有令苏兆征畏缩，相反却进一步促使他走上反抗和革命的道路。1915年，他离开苦难的家乡，再度到香港寻找工作。在离开家乡前一天，苏兆征怀着激动的心情，跑到埋葬在村外的蔡树宽等五名青年好友的坟墓前，掷碎了一个青花碗，郑重宣誓说：我要继承难友们的遗志，为大众鞠躬尽瘁，死而后已！

第三章 初经风暴

　　苏兆征离开家乡后，继续过着艰苦的海员生活。苏兆征与其他海员一样，由于经常跟随船只走遍世界各地，因此时有机会目睹欧美各国工人为争取自己的切身利益，反抗资本家的压迫剥削和反抗政府的反动政策而前赴后继地举行罢工斗争的情况，从中受到影响和鼓舞。

　　1917 年，俄国工人阶级在布尔什维克和列宁的领导下，举行震撼世界的十月社会主义革命，推翻资产阶级的反动统治，建立苏维埃政权，创建了人类历史上第一个社会主义国家。中国海员经常出海，涉足世界各地，接触广泛，消息灵通，因此很快就知悉了十月革命胜利的消息。初时，苏兆征等海员们对于俄国十月革命的内容以及它的伟大历史意义不清楚；对于"苏维埃""布尔什维克"等第一次听到的名词，里面包含什么意义，也不甚明白。后来，他们随船到达海参崴等地方，直接与苏俄海员以及当地人民接触，倾听他们的有关介绍；同时在海参崴国际海员俱乐部等地方，有机会阅读到一些介绍俄国十月革命和介绍马克思主义等方面的书刊，渐渐打开眼界，进一步认识十月革命胜利的伟大意义，了解到原来是俄国工人阶级推翻资产阶级的统治，自己起来当家作主，掌握国家大权，不再受压迫奴役。对于这些破天荒的大事，他们都由衷地感到高兴，认为这是天翻地覆和天公地道的大好事情，如果我们中国工人将来也能过上这样的日子，那就太好了！

十月革命的胜利，也给中国人民送来了马克思主义。在十月革命的影响下，1919 年，中国爆发了伟大的五四运动。国内各地群众纷纷发表通电，举行集会游行，罢课、罢工和罢市，以至发起抵制日货等一系列爱国斗争活动。中国工人阶级在这次运动中正式登上政治舞台，起到了关键性作用。在香港，虽然英国当局极力压制中国人民的反帝爱国行动，但仍有不少学生和市民坚持举行罢课和抵制日货等爱国活动。当苏兆征等海员们随船返抵香港时，便为香港群众的爱国壮举所吸引和鼓舞，并且热情地投入到抵制日货和焚毁日货等爱国活动中。不久苏兆征返回家乡香山，目睹家乡人民群众也同样积极地投入反帝爱国运动中，更加振奋不已。

显然，五四运动对于香港海员的斗争活动和日后工会组织的建立，起到了一定的促进作用。苏兆征经过前段的经历，亦受到了教育和锻炼。他日益感受到要像俄国工人阶级那样，依靠群众自己的力量，团结起来，投入斗争，方能取得成效。因此，他一有空闲时间，就满腔热情地把自己所认识的道理向其他海员进行宣传。经过他耐心的宣传发动，不少海员渐渐被吸引住了，接受了他的宣传影响，团结在他的周围。苏

初经风暴

兆征还从欧美各国工人阶级在斗争中争取胜利的经验和国内人民群众在五四运动中的英勇表现的启发下，认识到当海员工友渐渐觉悟和发动起来的时候，就应结合工友们的切身利益和要求，及时开展斗争，在斗争中磨炼和争取胜利。为此，他努力找寻带领海员开展斗争的机会。

1920 年，苏兆征正在一艘英国资本家的轮船上打工。当时船上经常发生外国职员、包工头肆意压榨和无理殴打中国海员的事。工人表示不满时，又随时受到迫害甚至被开除。有一次，有一名中国童工又遭到包工头的无理殴打，伤势不轻。苏兆征看见了，决心通过这一时机发动船上的海员起来与资方斗争。他向大家揭露老板与包工头一贯欺压盘剥中国海员工人的种种行为，指出只有团结起来反抗暴虐，我们海员方才有出路。他对大家说："包工头经常压榨我们，难道我们能这样忍受下去吗？如果我们不团结起来斗争，日后难保有一天受欺凌的事情就会落到我们自己头上。"那个被无理殴打的童工也当场向大家控诉了包工头无理殴打自己的经过，更加激起了海员们的愤慨，纷纷表示再不能这样忍受下去了，一定要跟老板和包工头算账。在苏兆征带领下，海员们一起前往船长室，向船长提出抗议。

初时，船长根本不把这一事情放在眼里。因为在船上殴打中国工人，简直是家常便饭。因此当包工头向船长报告说船上海员们要"闹事"时，他还轻蔑地说："这帮家伙尚嫌不够穷吗？谁闹事，就立即把谁赶下船；带头闹事的，把他抓起来丢落大海喂鲨鱼。"但海员们不惧威胁，纷纷向船长室拥来，把门口堵住，要求船长解决童工被无理殴打的事情。船长不禁紧张起来了。当时轮船正在航行途中，船长深知让海员们真的闹起事来，就会耽误航程，招致各种麻烦，因此表示可以考虑赔偿药费，以求敷衍了事；同时命令海员们立即回去做工，不得误事。

一些海员看见船长答应赔偿药费，就感到心满意足，于是散开回去做工。但是苏兆征并不就此罢休。他认识到问题的关键，不仅在于解决一个海员的不幸遭遇，更重要的是要保证全船海员今后都不会受到虐待，人身安全都能得到起码的保障，因此应该更进一步向资方提出要求；况且船长口头上答应赔偿药费，只是一个缓兵之计，谁知道日后船长会不会报复，迫害参加过斗争的海员工友。苏兆征于是再找海员们开会，把道理向大家讲明白，得到了大家的支持，纷纷表示愿意在苏兆征的带领下继续坚持斗争。

苏兆征于是发动全船中国海员共同签名写信给轮船公司老板，要求严肃处置打人的包工头，保证今后不再发生类似事情，否则一致行动，反抗到底。与此同时，苏兆征又发信联络其他轮船的中国海员工友，吁请他们联合行动，造成声势，以声援海员们的斗争。

轮船公司老板接到了苏兆征等人送来的联名信件后，不以为然，甚至威胁说：如果继续闹事，就一律予以开除，另行雇请其他失业工人上船顶替。但是苏兆征早已预料到轮船

苏兆征（右三）与海员工人在一起

老板这一着。他一方面带领海员们积极酝酿罢工，一方面向香港失业海员发出呼吁，要求他们支持海员们的斗争，不要上船顶工，以打击资本家的嚣张气焰。很多失业海员深明大义，表示宁愿继续失业饿肚皮，也不会受雇上船工作。其他轮船的中国海员，也纷纷表示要举行同情罢工，声援苏兆征他们的正义斗争。

轮船公司老板看见海员们这样齐心，方才紧张起来。他恐怕工潮越闹越大，将会招致更大的损失，终于被迫表示接受海员们的各项要求，保证不打击报复参加这次斗争的海员，今后船上不让虐待工人的事情再次发生。

这是苏兆征初经风暴，第一次领导海员们进行反暴虐斗争，并且取得了完全胜利。他在领导斗争的过程中表现出来的才能与胆略，赢得了海员们的称赞与拥戴。这次斗争的胜利，在广大海员中传为佳话，人们奔走相告，欢欣鼓舞。在苏兆征领导斗争的胜利鼓舞下，其他轮船的中国海员也相继开展了一些反虐待、反克扣工资、要求改善待遇以及痛惩横行霸道的工头等斗争活动，取得了不同程度的胜利。

这次领导海员斗争的胜利，也锻炼和教育了苏兆征自己。他进一步认识到团结就是力量的重要意义，认识到要使海员们摆脱悲惨的命运，仅靠少数人的力量是不可能做到的，必须广泛发动更多的海员兄弟、依靠海员们的集体力量，才能达到目的。他还感受到，原来在海员工人中成立的一些"兄弟馆""慈善会"一类团体，虽然为大家办过不少福利的事，

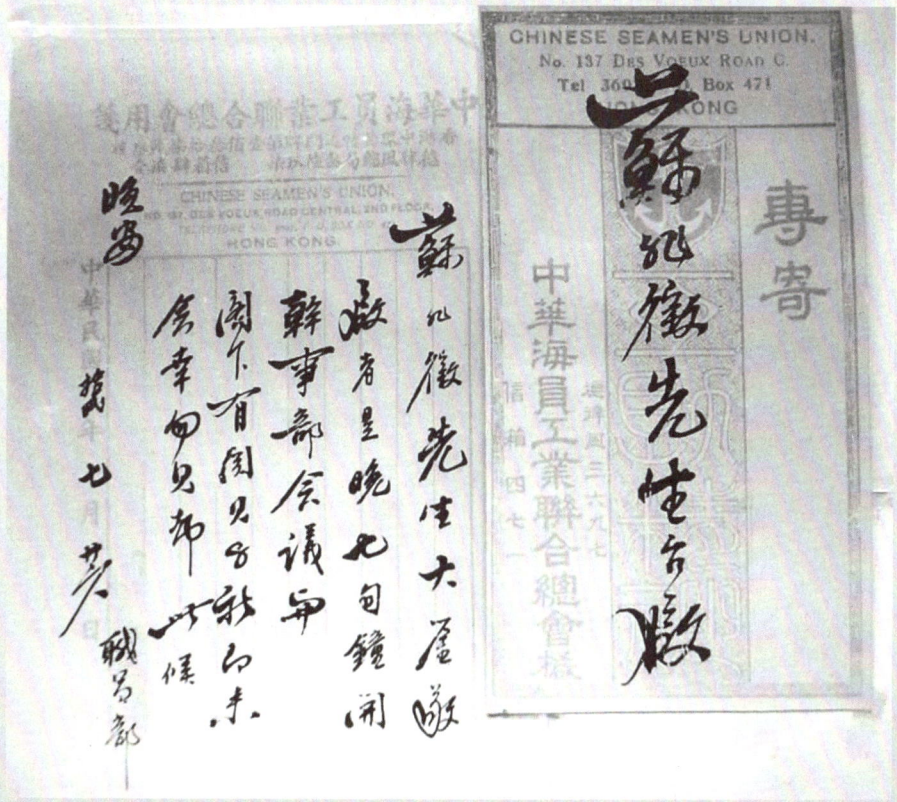

香港海员工会致苏兆征函

中华海员工业联合总会创办人员

在互助互济等方面起到一些作用，但由于组织涣散，缺乏战斗力，远远不能适应当前现实斗争的需要，因此要学习俄国和欧美工人的榜样，组织健全的、具有战斗力的、能够真正代表海员工友利益的工会组织，才能使广大海员的利益得到切实的保障。苏兆征于是凭着自己的认识，并结合所学到的革命理论，积极进行组织工会的活动。他联络了林伟民、戴卓民等海员中的觉悟分子，克服种种困难与干扰，进一步在海员中大力宣传建立工会组织的意义，并由陈炳生等负责联络在香港各海员兄弟馆，进行具体筹备建立工会的活动。

经过酝酿，大家决定首先成立一个海员工会筹委会，进

1921 年 2 月，中华海员工业联合总会（香港海员工会）于香港成立，图为海员工会部分会员代表合影（第二排左八是苏兆征）。

行筹备工作；经过一段时间，正式建立工会的条件已基本成熟，同时得到了孙中山的大力支持和指导，1921 年 3 月间，海员工会宣告正式成立，定名为"中华海员工业联合总会"（简称"香港海员工会"）。这是中国海员工人成立的第一个真正的工会组织，也是中国最早成立的现代产业工会组织之一。海员工会会址设在香港中环德辅道中 139 号三楼。工会组织最初由香港海员参加，后来在内河的珠江、黄浦江等地行船的中国海员也陆续加入；除在香港设立总会外，后来还相继在广州、汕头、香山和上海等地成立分会。由于当时在海员中存在着浓厚的论资排辈观念，老海员陈炳生当选为海员工会第一届会长。年轻的苏兆征初时虽没有当选为工会干事，但在海员工会中起到重要的骨干作用。

第四章

第一怒涛

第一怒涛

　　1921 年 7 月中国共产党诞生以后，成立了专门领导全国工人运动的机构——中国劳动组合书记部。全国工人运动因而有了新的发展。广东各地工人也纷纷开展了要求改善待遇、增加工资的经济斗争，并取得不同程度的胜利。

　　当时，香港物价不断上涨，而轮船资本家与包工头等对海员们的盘剥压榨却越来越残酷。香港海员们的生活境遇每况愈下，连最低限度的生活条件都得不到保障。海员们实在无法再忍受下去了，强烈要求资方改善生活待遇。由于苏兆征、林伟民在海员中享有很高的威信，因此不少海员找上门来，要求他们带领大家向轮船资本家提出增加工资、改善生活待遇的条件。苏兆征、林伟民向海员工会反映海员们的迫切要求，建议海员工会研究解决办法。香港海员工会于是召集干事会及部分骨干分子开会讨论。苏兆征和林伟民在会上主张工会应该关心大家的疾苦，带领大家向资方提出改善生活待遇等条件。经过热烈讨论，会议通过向资方提出增加工资的决议，决定成立一个"海员加工维持团"，负责这一工作。大家一致推举苏兆征和其他一些骨干主持海员加工维持团的工作，制定具体进行办法。

在苏兆征等主持组织下，海员加工维持团制定了工作条例，并公开发表"宣言"，号召海员工友团结起来，为争取改善生活待遇而斗争。1921年9月，香港海员工会正式向各轮船资本家提出了增加工资、改善待遇、反对包工头剥削及工会有介绍海员就业的权利等要求。

海员工会的正义要求得不到轮船资本家的回应。相反，他们却故意给轮船上的其他外籍海员普遍增加了15%的工资。10月间，海员工会第二次向轮船资本家提出增加工资的要求，他们依然毫不理睬。这种公然蔑视香港海员正当要求的行径，激起了广大香港海员的莫大愤慨。苏兆征他们认识到，如果不采取坚决的斗争手段，轮船资本家是绝不会轻易接受海员们的正当要求的，因此决定准备用强硬的罢工手段来回敬轮船资本家们。

1922年1月12日上午，香港海员工会第三次向轮船资本家提出增加工资、改善待遇等几项要求，并声明限资方于24小时内作出明确答复，否则到时就一致罢工。但是轮船资本家依然置之不理。饱受压迫剥削的香港海员，再也抑制不住长期埋藏在心头的怒火，终于在1月12日当天举行了震惊中外的大罢工。

在罢工斗争过程中，港英政府局竟然公开支持轮船资方，对罢工海员采取了镇压政策。因此香港海员的罢工斗争，不仅是一场要求改善待遇的经济斗争，同时也是一场反抗英帝国主义压迫的政治斗争。中国工人运动领袖邓中夏曾称赞香

第一怒涛

港海员大罢工是中国共产党成立后，"中国第一次罢工高潮的第一怒涛"。苏兆征与林伟民等人是这次罢工斗争的实际领导人，在整个罢工过程中，起到重要的组织领导作用，作出了杰出的贡献。

罢工正式爆发后，声势浩大，轮船资本家大为震惊，慌忙请求港英政府出面干涉。当晚，港英政府华民政务司夏理德赶往香港海员工会所在地。他威胁聚集在工会的罢工海员说："本港政府是绝对不允许这种罢工行为发生的。你们有什么要求，可以交本港政府替你们斟酌处理。难道你们这样做法，就不怕饿肚皮吗？"

苏兆征当即挺身而出，严词驳斥说："我们提出条件前后已经三次了，而且每次都同时知会了你们，但你们却不理会。如今我们已经罢工了，如果要我们复工，除非完全承诺我们的条件不可。"苏兆征的话，表达了全体海员坚强的斗争意志和尊严，全场响起了热烈的掌声。

夏理德十分尴尬，后来换了另一副口吻，要求海员工会再宽限几天时间，待政府与轮船资方商定一个统一意见后，再通知海员工会。这是夏理德企图以拖的办法来阻止罢工蔓延的一个阴谋手段。但是海员们没有上当，坚决拒绝夏理德的要求。夏理德企图破坏罢工的阴谋失败后，只好灰溜溜地离开海员工会。

罢工后，海员们冲破港英政府的重重封锁，相继离开香港，撤到广州。他们在广州成立了正式领导罢工的机构——

同人大鑒工T W W萬國海員聯會擬於十月二號招集會員三百萬員於 YIENNA 維安那未審諸君對此敝會具何種希望吾人每一思及操工之時則延之使長而所受之工金則削之使短甚致不敷糊口遂發生此問題曰此會是否徒作空談無補於實彼對於萬國聯合之事是否其心努力實行列成程式以孚吾人之望工下不肯舉出前在 CHRISTIANIA, AMSTERDAM, GENEVA 一處之會議所決議之事此即可表出彼已荅復吾人以上之問題

苏兆征手书的《致各国海员》，呼吁各国海员支持罢工。

海员罢工总办事处。苏兆征被大家推举为总办事处总务部主任，举凡罢工有关事务、财务收支、罢工工人的生活安排以及对外交涉工作等，都统一由他主持处理。苏兆征过去虽然领导过一场反虐待斗争，但当前要组织起成千上万的海员与强大凶恶的资本家进行较量，其斗争规模与复杂性、艰巨性，都是不能比拟的。但他立场坚定，斗争坚决，谦虚谨慎，沉着冷静，在广大罢工群众的支持下，把各项工作处理得有条不紊，财务账目也一清二楚，从而保证了罢工斗争的胜利进行。

罢工怒火越烧越旺，香港的航运几乎陷于停顿。由于罢工海员对香港实行经济封锁，香港的粮食及其他物资供应日益紧张，社会物价暴涨。港英政府无奈，于1月下旬派遣副华民政务司活雅伦前往广州，要求广东当局出面迫使海员复工，并要求帮忙解决由于罢工封锁而造成的香港物资供应困难。苏兆征代表罢工海员严正表示：如果海员提出的加薪要求得不到完满解决，绝不回港复工。活雅伦在广州一无所获，只好悻悻地溜回香港。

2月1日，港英政府悍然采取高压政策，宣布封闭香港海员工会，派人将工会办公室搜掠一空，并将海员工会的招牌掠走。与此同时，港英政府还封闭了举行同情罢工的香港运输工会，逮捕了工会工作人员。但是，在高压政策面前，广大罢工工人没有退缩，相反斗争情绪更为激昂，誓死与之抗争到底。

港英政府眼看高压政策无法奏效，于是改变策略，企图采用"调停""谈判"手段来诱骗海员就范，以达到扑灭罢工的目的。他们委派了一些中国轮船资本家进行调停，哄骗海员们先行复工，再商量其他条件。但是苏兆征和林伟民等识穿了他们的阴谋，不为其甜言蜜语所蒙蔽。后来，港英政府又通过一些中国绅商出面，再三邀请广州罢工总办事处派出代表赴香港谈判。为表示诚意，罢工海员推选了苏兆征、翟汉奇等四人为代表，于2月中旬前往香港进行谈判。

2月9日，中共广东支部发表《敬告罢工海员》，及时对罢工运动予以支持和引导，号召海员团结一致，坚持到底。

在谈判过程中，苏兆征等代表提出，必须以首先恢复海员工会原状作为谈判的先决条件。香港绅商代表按照香港当局的旨意，诱骗说：港英政府对恢复工会问题是可以考虑的，但是要把工会的名称改动一下，会址要搬迁到另一个地方，工会招牌也不能归还给你们。如果原封不动地归还你们，就会影响政府的威望。

苏兆征断然说：我们全体海员的意见，谈判时第一项条件就是要求首先恢复工会。我们海员工会的名称"中华海员工业联合总会"，一个字都不加，一个字也不减。如果港英政府不首先答应恢复工会，其他问题就无从谈起。

绅商代表见诱骗不成，就改而威吓说：你们罢工，我们也不反对，但是你们这样搞法，将严重影响香港的粮食等物资供应，你们是否忍心要把几十万香港居民活活饿死？

苏兆征义正词严地回应说：我们当然十分关心香港同胞的生活问题。但这完全是港英政府自己造成的。你们既然身为调停人，为什么只为港英政府说话呢？港英政府既然如此无理，你们若有本事的话，就应回去告诉港英政府迅速把工会招牌送还给我们；不然的话，就不必谈判。

在整个谈判过程中，港英政府与外国轮船资本家对苏兆征等人时而用花言巧语进行诱骗，时而又玩弄威胁恐吓的手段，甚至企图通过金钱收买的卑劣伎俩，妄图诱使苏兆征等堕入他们的圈套中。海员谈判代表中，也有个别人曾因此动摇过。但是苏兆征始终立场坚定，态度鲜明，坚持原则，反对妥协，时刻警惕并及时戳穿港英政府和外国轮船资本家的种种阴谋手法，既不为花言巧语所迷惑，也不为威逼利诱所动摇，表现了工人阶级的大无畏精神和斗争智慧，团结和带领全体海员把罢工斗争坚持下去。

在罢工期间，海员工会会长陈炳生因犯杀妻罪而被捕。事后罢工海员一致推举苏兆征为代理会长，另选林伟民代替苏兆征担任谈判代表，与香港方面周旋。苏兆征与林伟民等人一道，继续带领海员坚持斗争。他们再次挫败了港英政府授意工贼组织所谓"全港工团调停罢工会"破坏罢工的阴谋，进一步发动全港工人举行了总同盟罢工，给香港英帝国主义以沉重打击。港英政府哀叹这次罢工是"陷本殖民地生命于危险之境"。

港英政府为了摆脱困境，悍然采用了血腥镇压的政策。3月4日，大批罢工工人离开香港返回广州，坚持罢工斗争。他们经过沙田时，港英政府下令武装军警拦阻罢工工人通过。罢工工人不理，继续前进，他们竟然灭绝人性地向群众开枪疯狂扫射。人们无法躲避，纷纷倒在血泊之中，当场被打死4人，打伤8人（后因伤重不治而死的2人）。这就是香港英帝国主义者一手制造的骇人听闻的"沙田惨案"。

"沙田惨案"消息传到广州后，人们无不义愤填膺。在苏兆征等带领下，罢工海员纷纷声讨英帝国主义者屠杀中国人民的罪行。苏兆征以罢工总办事处的名义发出通电，向国内外人民揭露"沙田惨案"的真相，严正声讨英帝国主义屠杀中国人民的血腥罪行。他同时在报上公开发表致广东政府函，严正要求向英方严重交涉。

香港工人同仇敌忾，坚持反抗斗争的行动，使港英政府陷于焦头烂额的境地，最后不得不接受海员工人提出的各项条件。香港海员的正义斗争终于取得了伟大的胜利。3月6日，港英政府被迫派遣专人将劫走的工会招牌送回香港海员工会，挂回原处。成千上万的香港市民聚集在工会门前，振臂高呼"海员工会万岁！""工人万岁！"等口号，并纷纷燃放鞭炮助庆，气氛之热烈，好像过新年一样。

翌日，苏兆征为罢工总办事处草拟复工令，宣布经过全体罢工海员的团结斗争，终于获得了胜利，海员可以返

1922年3月香港海员大罢工胜利后，成千上万群众聚集海员工会门前庆祝胜利的情景

香港海员罢工胜利后，苏兆征（前排右三）、林伟民（前排右二）与部分海员留影。

1922 年 5 月，第一次全国劳动大会于广州召开，苏兆征出席了大会，图为大会代表合影留念。

回船上复工。

在这次震惊中外的海员大罢工中，苏兆征充分显示出他的领导魄力和杰出才能。通过这次斗争实践，苏兆征成为工人运动的领袖人物，为全体海员和广大工人群众所拥戴。

第五章

新的征程

当罢工海员代表与香港当局方面签订了关于增加工资的协定后，香港海员便纷纷回船复工去了。作为罢工领导人的苏兆征也功成身退，辞去代会长职务，返回船上工作。林伟民则去了上海，领导上海海员工会的工作。

然而，残酷的事实是：双方达成的协定，仅仅是纸上的东西，远不等于胜利果实已经到手。相反，罢工结束不久，港英政府和轮船资本家便明目张胆地拒不履行协定，甚至猖狂地进行反攻倒算。作为罢工期间战斗总指挥部的罢工总办事处，也无形宣告解散。而香港海员工会此时却为一些不纯分子如翟汉奇等把持，肆意侵吞公款，中饱私囊。这样一来，由于工贼在内捣乱，敌人在外夹攻，香港海员工会失去了战斗力，几乎陷于瓦解状态。

对于眼前这一局面，广大海员十分痛心和着急，他们强烈要求苏兆征从船上回来，带领他们重新整顿海员工会，为广大海员群众谋利益。

1923 年，苏兆征从船上返回香港，带领海员群众开展了扫除内奸、整顿工会的斗争。在前段实践过程中，苏兆征深深感到，过去海员工会组织涣散，战斗力不强，很大程度上

1924年苏兆征与长女丽娃、次子河清合照于香港。

与基层组织不纯和不健全有关。因此他与林伟民带领海员着力整顿工会基层组织，在各轮船上普遍建立支部，作为工会的基层组织，以团结广大海员，积极开展活动。他与林伟民还受海员工会委托，帮助广州海员整顿和健全工会组织，推动广州海员工会活动的开展。

经过苏兆征等骨干分子的不断努力，香港海员工会得以重整旗鼓，海员工会日渐巩固。在此基础上，香港海员工会及时进行改选，清除了一些不纯分子，重新选举了谭华泽、苏兆征、林伟民等人为第二届工会委员。以老海员谭华泽为会长，苏兆征为司理。工会的日常工作，由苏兆征主持。他继续努力整顿会务，健全制度，定期向海员代表作工作报告，主动争取海员群众对工会工作的支持和监督。他不顾个人得失，勤勤恳恳，任劳任怨，认真负责和廉洁奉公，更加赢得了广大海员群众的信任与拥戴。

香港海员大罢工期间，中国共产党一直十分关注并大力支持海员罢工斗争的进行。党的一些刊物，如北京党组织出版的《工人周刊》、广东党组织出版的《广东群报》、广东团组织出版的《青年周刊》等，都及时报道了海员罢工斗争的经过，热情歌颂罢工斗争的正义性，无情揭露帝国主义和外国轮船资本家压迫和镇压罢工的种种事实。中国劳动组合书记部发动上海工人大力支援香港海员的斗争，并发动各地工人组织后援会，从政治、经济等方面给予香港海员巨大的支援。中共广东党支部公开发表了《敬告罢工海员》的文告，明确表示"本党以海员同志们为开始阶级斗争的急先锋，定当竭其能力，为之后援"。所有这些，使苏兆征认识到，中国共产党的大力关注和声援，对罢工胜利起到了重大作用。

1924年，周恩来、陈延年等相继到广东工作，加强党对广东地区革命斗争的直接领导。中共广东区委及时派遣了一些党团员到香港开展工作，并建立了党的支部。党支部十分重视对苏兆征的培养，分配专人与他联系。苏兆征也经常主动靠拢党组织，积极参加和配合党组织开展的各项活动，忠实执行党所布置的各项任务。香港海员工会照例定期举行一些演讲等活动。苏兆征主动邀请中共党员前来演讲，向海员介绍马克思主义和宣传党的主张。苏兆征每次都认真听讲，接受党的教育。这期间，他向党组织表示自己积极争取加入中国共产党的决心。

1925 年初，在中国共产党和国民党左派等进步力量的共同努力下，发起了一个全国性的国民会议运动，并于同年 3 月在北京举行国民会议促成会全国代表大会。苏兆征

李大钊

代表香港的工人团体，与其他代表一起北上，出席了这次会议。他在北京期间，有机会与中共的一些领导人接触。党的北方局负责人李大钊多次邀请苏兆征到北京大学红楼办公室会晤，向他介绍中国共产党的历史和宗旨以及党对开展工人运动的策略，并向他进行关于党的纲领、章程和政策的教育，帮助他进一步提高思想认识。苏兆征向李大钊汇报自己对共产党的认识，正式提出加入共产党的要求。不久，苏兆征就在北京光荣加入了中国共产党。他入党后，随即参加了国民会议促进会的共产党党团，积极参加党所分配的工作和活动。

从此，苏兆征在党的培养教育下，思想觉悟发生了质的变化，从一个民主主义者成长为一个自觉的共产主义战士。他踏上了新的征程，更加奋不顾身地为中国工人阶级的利益，为中华民族的解放事业而英勇奋斗，直到生命的最后一息。

4月间，苏兆征从北京返回广州，立即投入到计划在广州召开的第二次全国劳动大会的筹备工作。同年5月1日至6日，第二次全国劳动大会于广州正式举行。代表全国各地200多个工会的281名代表，共聚一堂，热烈讨论中国工人阶级当前的战斗任务。大会期间，苏兆征与邓中夏、林伟民、李森、刘尔崧等人共同组成中国共产党党团委员会，积极领导大会工作的进行。

大会正式成立了全国统一的工会组织——中华全国总工会。苏兆征的亲密战友林伟民当选为中华全国总工会第一届

林伟民

委员长，刘少奇为副委员长，邓中夏为秘书长兼宣传部部长。苏兆征、李立三、刘华等人为执行委员。第二次"劳大"的召开，对确定今后工人阶级的斗争方针，推动全国工人运动的进行，具有重大的意义。苏兆征豪情满怀地迎接新战斗的到来。

第六章

反帝洪流

第二次"劳大"闭幕后不久，上海发生了帝国主义者血腥屠杀上海人民的"五卅惨案"。消息传开，全国各地人民强烈抗议帝国主义的暴行，纷纷奋起参加反帝斗争。五卅运动标志着中华民族的新觉醒和中国人民反帝革命大风暴的到来。为了反抗帝国主义的侵略压迫，声援上海人民的反帝爱国运动，在中国共产党的领导下，香港和广州沙面工人决定举行声势浩大的省港大罢工。

在罢工酝酿和发动的过程中，苏兆征表现出卓越的组织才能。当时，香港地区共有140多个工会团体，分属几个派系，没有一个统一的组织领导。而中共在香港工人群众中的力量又比较薄弱，仅有党员十余人及共青团员十余人。香港广大工人虽有反抗帝国主义压迫的迫切要求，但要举行一次全面性的罢工，却是困难重重，阻力很大，需要进行一系列深入细致的组织发动工作。为此，中共广东区委专门派遣邓中夏、杨殷等人前往香港，与正在香港工作的苏兆征一道，组织发动香港工人起来参加反帝斗争。针对香港工人群众的

邓中夏（左）和黄日葵

实际情况，苏兆征与邓中夏、杨殷等人经过反复研究后，决定从两个方面结合进行工作。一方面，通过党团员和工人、青年学生中的积极分子，深入到群众中进行宣传发动工作，号召人们投入反帝洪流之中；另一方面，与各工会领导人广泛接触，激发他们的爱国热情，带领工人群众加入反帝斗争的行列之中。

1925 年 6 月上旬，苏兆征、邓中夏在香港中环车衣工会与香港一部分工会领导人举行会议。苏兆征向他们指出："五卅惨案"今天在上海发生，明天就很可能在我们这里出现。对于帝国主义的侵略压迫行为，我们香港工人决不能袖手旁观。我们不甘当亡国奴，就要奋起反抗。邓中夏也向大家讲解了举行反帝斗争的重大意义。到会各工会代表听了苏兆征和邓中夏的讲话，十分愤慨，纷纷表示要在香港发动工人罢工，用实际行动响应上海人民反抗帝国主义的斗争。在苏兆征的提议下，会上一致通过对港英政府的要求条件。在另一次各工会联席会议上，大家还进一步讨论了下一步的行动纲领等问题，决定成立一个统一指挥罢工的机构，定名为"全港工团联合会"。

经过一系列紧张的发动工作后，罢工的时机日益成熟。广大工人情绪激昂，摩拳擦掌，要求早日行动起来。苏兆征和邓中夏再次召集各工会领袖开会，研究确定举行总罢工的具体时间和有关罢工事宜的安排。但是一些工会头目却犹豫不决，提出种种困难，认为还要经过认真考虑后方才决定罢工。经过苏兆征和邓中夏向他们再三教育和解释，他们才表示同意采取行动，举行罢工。总罢工时间定在 6 月 19 日开始。但当罢工时间来到时，香港海员工会会长谭华泽却又临阵退缩，迟迟不肯下达罢工令。海员工人怒不可遏，在苏兆征带领下，纷纷向谭华泽质问。谭华泽眼见罢工势在必行，无可奈何，只好下了罢工令。

6 月 19 日，震惊中外的省港大罢工爆发了。苏兆征带领香港海员工人打响了罢工斗争的第一炮。接着，罢工便像燎原烈火一般，势不可挡。广州方面，在李森、林伟民和刘尔崧等人领导下，数千洋务工人也奋起举行罢工。半个月内，

1925年6月，震惊中外的省港大罢工爆发，图为位于广州越秀南路的省港罢工委员会旧址。

参加罢工的人数激增至 20 余万人。大批罢工工人纷纷离开香港，返回广州，以广州为基地，坚持反帝罢工斗争。他们汇成了一股气势磅礴的革命洪流，向着香港英帝国主义猛烈冲击！

为更有效地领导反帝斗争的进行，省港罢工工人决定成立罢工的领导机构，由香港罢工工人方面、沙面罢工工人方面和中华全国总工会共同组成罢工委员会，作为罢工斗争统一的"最高指挥机关"；成立罢工工人代表大会，作为罢工期间的"最高议事机关"。大家一致推选苏兆征担任罢工委员会委员长，兼任财政委员会委员长；聘请廖仲恺、邓中夏等为顾问。为了加强中国共产党对罢工斗争的领导，在罢工委员会中成立了党团组织，作为罢工斗争的领导核心。邓中夏为党团书记，苏兆征、林伟民和李森等为党团成员。罢工委员会设在广州东堤附近的东园。

廖仲恺

李森

罢工初期，由于斗争形势错综复杂，在掌握斗争策略方面缺乏经验，因此罢工委员会曾经提出"反对一切帝国主义"的口号，对各帝国主义国家实行全面抵制的政策，采取完全断绝海外交通，禁止外国船只进出广东各港口，抵制一切外货等措施。但是，随着罢工斗争的深入进行，斗争形势的不断变化，这种四面树敌的做法，虽然给予帝国主义者一定的打击，但同时也给罢工斗争带来了一系列麻烦与困难，造成不只封锁了香港，而且也封锁了我们自己的被动局面。

苏兆征与邓中夏等领导人及时发现和分析了上述形势，当机立断地把"反对一切帝国主义"这种不利于斗争的口号，及时改变为集中力量打击主要敌人英帝国主义的政策，从而

省港罢工工人纠察队训育长邓中夏（中穿大衣者）与教官们

反帝洪流

时任省港罢工委员会委员长
的苏兆征

有效地分化各帝国主义之间的联合阵线，争取各阶层人士的同情与支持，进而促进广东经济的发展，沉重地打击了香港英帝国主义，保证了罢工斗争持久地进行。

苏兆征与邓中夏等领导人一起，十分重视罢工工人武装力量的建设，亲自领导建立了一支拥有两三千人的罢工工人武装纠察队，担负封锁香港、截留粮食、查缉私货、逮捕工贼走狗以及维持罢工秩序等任务。苏兆征经常亲自参加有关纠察队问题的讨论和决策，对于纠察队队员在罢工斗争中的英勇表现，经常给予表扬鼓励，号召全体罢工工人振奋反帝斗争精神，为全民族的解放而奋斗。

在罢工委员会中，有些人认为这次罢工斗争既然是省港罢工工人自己的事情，就应该由共产党自己独立领导进行，不用国民党过问，否则就会给国民党篡夺了领导权。

省港罢工委员会委员合影。后排左四是苏兆征。

但是，苏兆征和邓中夏等领导人没有接受这种似是而非的观点，在罢工斗争过程中坚定地执行正确的反帝革命统一战线的政策。他们在坚持罢工组织独立性的同时，又十分注意加强与国民政府及国民党中的左派力量的密切合作，聘请廖仲恺等人为罢工委员会的顾问，有关罢工斗争的一些重大决策和活动，都主动与廖仲恺等人磋商，争取他们的支持。罢工委员会始终真诚地支持国民党左派的活动，揭露和打击右派反动势力的破坏活动，从而壮大了革命阵营，有效地保证罢工斗争的胜利进行，促进广东革命形势的发展。

斗争形势错综复杂，8月20日，国民党左派领袖廖仲恺不幸被帝国主义者收买的反动分子所暗杀。以苏兆征为首的

省港罢工期间，苏兆征（中）与邓中夏（右）等人在开会。

省港罷工為出師北伐為國民革命的目前兩大工作

蘇兆徵

省港大罷工期间苏兆征的题词

罢工委员会发表宣言，悼念廖仲恺的不幸逝世，同时敦促国民政府痛下决心，肃清内奸。苏兆征亲自带领罢工工人举行游行示威等活动，声讨帝国主义和国内反动派。在共产党的一再催促和罢工工人的强烈要求下，国民党左派采取断然措施，打击右派反动势力。随后，苏兆征不辞劳苦，亲自深入罢工工人中发动与组织罢工工人参加运输队、宣传队和救护队等，支援国民革命军的东征南伐以及后来的北伐战争，对统一广东、促进国内革命形势的发展，起了重大作用。

省港大罢工轰轰烈烈地进行，引起了海内外各方面人士的密切注视，吸引了不少中外友人前来广州参观访问。苏兆征代表罢工委员会热情地向一批批的来访者介绍罢工斗争的情况，宣传罢工斗争的政策，揭露帝国主义者侵略压迫中国人民的暴行，博得广大人士的同情与支持。

罢工斗争形势错综复杂，千头万绪，身为罢工委员会委员长的苏兆征，肩上的责任是十分重大的。他日理万机，夜以继日地工作，始终保持着旺盛的革命斗志。他文化水平不高，起草文件和撰写文章都遇到不少困难，但他总是自己动手，不肯请人代笔。他亲自撰写《肃清内奸》《祝香港总工会成立》《纪念廖仲恺先生》等文章，在报上公开发表。罢工委员会的财务工作，是一项极为重要的工作。为了搞好财务工作，兼任财政委员会委员长职务的苏兆征付出了巨大精力。他廉洁奉公，坚持原则，一丝不苟。尽管敌人不断故意制造种种流言蜚语，诬蔑他"发横财了"，但是广大罢工工人

《工人之路（特号）》关于粤工工人代表大会的报道

省港大罢工期间的一次群众集会

始终信任他，称赞他是"指引我们向帝国主义番鬼佬冲锋陷阵的明灯"。

省港罢工期间，苏兆征十分重视并积极领导广东工人运动的开展，并且与邓中夏、刘少奇、李森等一起，积极参与领导全国职工运动的进行。省港罢工期间，在苏兆征、李森等组织主持下，粤港地区工人开展了工会统一运动。通过这些活动，有效地打破帮口界限，健全工会组织，增强粤港地区工人阶级的团结，齐心协力地进行革命斗争。1926年1月间，在苏兆征主持下，全国海员第一次代表大会在广州召开。大会决定成立海员工人全国性的战斗指挥部——全国海员总工会。苏兆征当选为总工会执委会委员长兼文书部主任。1926年5月1日，代表着全国400余个工会、有组织的120

1926 年 5 月，第三次全国劳动大会在广州召开，图为大会代表进入会场情景。

第一次會議情形

▲選舉蘇兆徵為委員長

▲選舉鄧中夏等九人為常務委員

▲決定援助英工人罷工辦法

苏兆征在第三次"劳大"上当选为全总执委会委员长,图为当时报纸的有关报道。

多万工人的 500 名代表，于广州隆重举行第三次全国劳动大会。苏兆征是大会主席团成员之一，与邓中夏、刘少奇、李立三等人共同主持大会的进行。在选举新的执行委员会时，苏兆征与刘少奇、邓中夏、李立三、林伟民、李森等 35 人当选为执行委员。苏兆征更被选为执行委员会委员长，成为深受全国工人阶级所爱戴的领袖。

省港大罢工从 1925 年 6 月开始，至翌年 10 月结束，一直坚持了 16 个月之久。其领导之坚强，组织之严密，规模之巨大，持续时间之长以及影响之深远，不仅在中国民族解放运动史上写下光辉的一页，而且在国际职工运动史上也是罕见的壮举。作为罢工领导人之一的苏兆征，他的名字与这场伟大的反帝罢工斗争一起永载史册。

第七章 武汉风云

武汉风云

　　1926 年 7 月，国民革命军在广州誓师北伐后，所向披靡，至 10 月间，就相继攻克了武汉三镇。北伐战争的胜利，使得革命势力逐渐扩展至长江流域一带。1926 年 11 月 26 日，国民党中央政治委员会决定国民政府从广州迁都武汉。1927 年元旦，国民政府宣布在武汉正式办公。这样，全国革命的中心渐渐从广州转移到了武汉。武汉成了新的革命根据地。鉴于上述形势，中华全国总工会也决定从广州迁武汉办公。

　　1926 年 12 月，中共中央于汉口召开党的特别会议。因党中央仍设在上海，中央乃决定在武汉成立中央分局，代行党中央职权，负责与武汉国民政府的联系。中央分局下设工人运动委员会和农民运动委员会等机构。苏兆征被选为中央分局成员之一，兼任工人运动委员会委员。1927 年 3 月，国民党于汉口召开二届三中全会，确定国共两党共同指导工农运动，在武汉国民政府内增设劳工部和农政部，由共产党人担任部长职务。中共中央决定委派苏兆征和谭平山代表中共分别担任劳工部长和农政部长。此外，苏兆征等共产党人还参加武汉市政府工作，担任市政委员等职务。

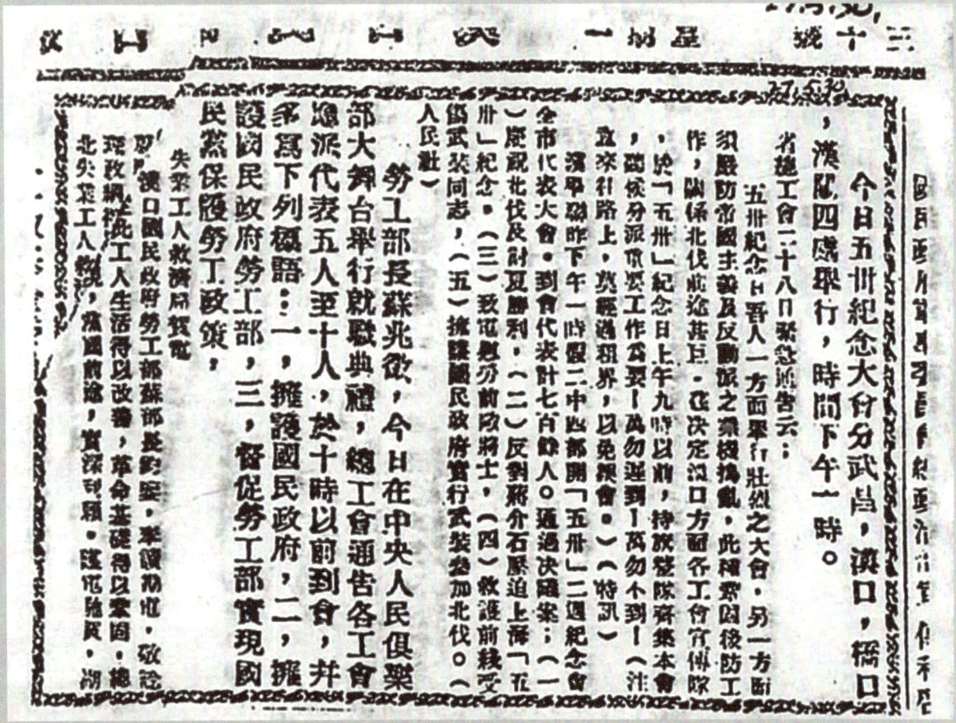

大革命时期，苏兆征代表中国共产党参加武汉国民政府任劳工部长，图为当时报纸有关苏兆征就任情景的报道。

1927 年 3 月下旬，苏兆征告别了在广东长期并肩作战的战友们，与参加中共"五大"的代表陈延年、彭湃等人一道（苏兆征本人亦当选为"五大"代表），前往武汉领导全总工作。3 月 31 日，当苏兆征一行抵达武汉时，受到大批工农代表的热烈欢迎。汉口《民国日报》特此发表题为《革命的象征》的社论，指出"苏兆征同志代表 280 万革命的产业工人站在我们的面前……革命的工农兵及一切被压迫的人们欢迎他"。

其时，在北伐战争胜利的推动下，湖北地区的革命形势有了长足发展，工农群众运动蓬勃地开展。这就严重地打击了帝国主义列强在中国所攫取的利益和统治地位。帝国主义者加紧与中国国内反革命势力相勾结，千方百计地颠覆武汉政府，破坏武汉地区的革命群众运动。4 月 3 日，日本帝国主义者在汉口日租界无理枪杀中国工人，造成了骇人听闻的"四三惨案"。苏兆征与刘少奇等一起，通过中华全国总工会、湖北省总工会等 17 个团体联合成立了"武汉人民对日委员会"，领导武汉人民掀起抗议日本帝国主义暴行的斗争。在中国人民的严正抗议下，终于迫使日本领事答应撤退日本水兵等项条件。国民政府还组成了以苏兆征等三人为首的"四三惨案失业工人救济委员会"，负责处理有关事宜。

4 月 12 日，蒋介石集团在上海公开发动反革命政变，杀害大批共产党人及工农革命群众，并对武汉政府加紧进行封锁。4 月 15 日，广东地区的国民党反动派也公开发动反革命

國民政府勞工部佈告 第貳號

為佈告事照得勞工政策為本黨總理所手定其目的在解放大多數之工人農民使其得到真正剝血壓近團民政府增設勞工部就是要把勞工政策為工人階級謀得種種既經身受實現在泰本勞工部自當依照本黨實踐案為工人利益的保障失業救濟等法令條例當於最短期間次第公佈以為工人階級的保障資問種種料紛當本部長就職之初關於上列行政方針再三熟思所只有工人農民的生活改善購買力增加工商業者才能發展工人農民與工商業者皆利害相同而周名一致不幸近來因帝國主義者及其走狗軍閥買辦階級的造謠中傷商民有退其好計中者別上一週功欲橫生同時工人農民甫經解放不免有初期的幼稚行動遂使工農與工商業者部革命同盟發生誤解隔閡

中央對共黨單命同體已經三令五申本部更自當切實執行此後各勞工團體或個人如行近反黨依法嚴究央不偏袒共有措詞瞭統做以一致勞工團體亦不貸各首官屬對於工人團體九應切實 □將依編

中華民國十六年六月 日

部長 蘇兆徵

苏兆征签署的劳工部布告

政变。苏兆征、刘少奇等一起带领武汉工人群众投入声讨国民党反动派发动反革命政变的活动。苏兆征与邓中夏联名公开致函广东当局，强烈要求他们要负责妥善安排省港罢工工人的生活问题；另公开致函省港罢工工人，对他们受到国民党反动派摧残的处境表示"无日不在悬念之中"。

在此期间，苏兆征以国民政府劳工部长的身份，经常深入到工人群众之中，十分关心和积极设法解决他们的生活等问题。他与工人群众甘苦与共，一如既往地保持着艰苦朴素、平易近人的普通劳动者的作风，全心全意地为工人群众谋利益。他亲自主持起草了《劳动法》，要求武汉国民政府付诸实行。但由于汪精卫集团正日趋反动，没有采纳实施。

1927 年 4 月，中共"五大"在武汉召开，苏兆征出席了大会，当选为中央政治局委员，图为大会开幕地点——武昌高等师范第一附属小学。

4月27日，苏兆征出席在武汉召开的中国共产党第五次全国代表大会。他与其他代表一道，总结过去几年来的革命斗争经验教训，讨论当前日益紧张的形势和党在当前的斗争任务，并对陈独秀右倾机会主义错误进行了批判。大会选举新的中央委员会委员时，苏兆征当选为中央委员及中央政治局候补委员，并与李立三等7人组成中共中央职工运动委员会。由于革命统一战线工作的需要，中共中央决定在武汉国民政府中设立党团干事会，由苏兆征、谭平山等5人组成；在中华全国总工会中也成立党团干事会，由苏兆征、李立三等3人组成。

为进一步开展太平洋地区职工运动，加强各国工人阶级之间的团结，组成被压迫阶级和被压迫民族的联合阵线，由

1927年5月，太平洋劳动代表大会在苏兆征主持下于汉口召开，图为当时报纸的有关报道。

中华全国总工会与澳洲工会共同发起，于中国武汉召开第二次太平洋劳动会议。苏兆征参加这次会议的筹备工作。同年5月20日，第二届太平洋劳动会议在汉口血花世界大舞台举行开幕典礼。苏兆征当选为大会主席团成员和秘书长，代表中华全国总工会主持会议并致开幕词。会议通过了多项决议案，其中包括赞助中国革命、改善太平洋地区工人劳动条件等。会议还决定在我国设立太平洋劳动会议的常设机构——太平洋劳动会议秘书处。苏兆征被选为秘书处成员。各国代表对苏兆征在促进太平洋地区各国工人阶级的团结战斗中所作的贡献，给予很高的评价。

这时候，武汉地区形势日趋危急。6月19日，在苏兆征的主持下，第四次全国劳动大会在汉口举行。广大工人群众十分关心这次大会。当天除正式代表400多人出席大会外，还有2000多名工人群众列席了大会。苏兆征在大会致开幕词，阐述大会召开的意义，揭露蒋介石集团与帝国主义者相勾结破坏中国革命的罪恶行径，号召工人群众要紧密团结，继续反对帝国主义武力干涉中国，反对蒋介石集团屠杀民众，要全力帮助农民打倒封建势力。大会通过了组织问题、经济斗争问题和广东工会运动问题等10多个决议案，并选举了新的执委会。苏兆征、邓中夏、刘少奇等35人当选为执行委员，苏兆征再次被选为全总执委会委员长。

6月下旬，武汉形势急转直下，汪精卫集团的反革命叛变活动日益猖獗。6月28日，在汪精卫集团的纵容下，发生了

北京平民中学招生

春明公学女校招生 暑期学校招生

全國勞動大會開幕

全國勞動大會次自
十九日起在漢舉行
到會代表約三千人

寧漢妥協有轉機？
武漢政府存廢問題

軍政府下之
潘內閣第一次閣議

北京《晨报》报道第四次"劳大"开幕消息，苏兆征再次当选为全总执委会委员长。

武汉驻军非法强占全国总工会办公地点的严重事件。事件发生后，苏兆征当即向当局提出严正抗议并强烈要求立即撤走军队。他在国民党中央执委会政治会议上，再次义正词严地揭露军队强占全国总工会办公地点的事实，要求当局立即下令撤走军队。后来军队撤走了，但武汉形势继续恶化。苏兆征保持着高度的警惕性，与其他同志一道积极着手进行应变工作。对于从各地前来工作的一些干部，他们及时采取转移、疏散的措施，或派到南昌等地工作，或送到莫斯科学习等等。鉴于汪精卫集团的反革命阴谋已呈表面化，7月13日，中国共产党发表了《中国共产党中央委员会对政局宣言》，痛斥汪精卫集团背叛革命事业的行径，庄严宣告中国共产党将继续领导中国人民坚持革命，退出国民政府，撤回参加国民政府的共产党员，以示抗议。苏兆征与谭平山随即联名发表《辞职书》，严斥国民党反动派实行反革命叛变的所作所为，已完全背叛了孙中山关于联俄、联共、扶助农工的革命政策。苏兆征还及时将全国总工会的一笔10余万元的存款全部取出来，尽数送给武汉失业工人救济所，以免为国民党反动派所攫取。

7月15日，汪精卫集团终于公开撕下了革命的假面具，叛变了革命。他们大肆追捕与通缉共产党人和革命工农群众。苏兆征的名字也在通缉名单之中。至此，轰轰烈烈的大革命遭到了失败。

面对国民党反动派"宁可杀错一千，不可让一人漏网"

1927 年 7 月 13 日，代表中共参加武汉国民政府的苏兆征（任劳工部长）、谭平山（任农政部长）联合发表《辞职书》，抗议汪精卫集团叛变革命。

的政策，苏兆征没有丝毫惊惶失措。他及时机智地隐蔽起来，迁往一位同志的住所，继续组织武汉地区工人进行斗争。在苏兆征主持下，全国总工会发表了《反抗压迫工人工会的宣言》，深刻揭露国民党反动派叛变革命的无耻行径及其残酷屠杀革命人民的罪行。武汉地区工人还奋不顾身地举行了一次声势浩大的罢工，以反抗国民党反动派。苏兆征满怀革命必胜的信念，继续带领广大工人群众战逆流，排恶浪，英勇地坚持革命斗争。

第八章

出生入死

　　为挽救革命和挽救党，当汪精卫集团公开实行反革命叛变的前几天，7月12日，中共中央召开了紧急会议，毅然决定改组中央，排除陈独秀右倾机会主义的错误领导，成立了由李维汉等五人组成的中央临时常务委员会，并作出在湘、鄂、赣、粤四省发动秋收起义的决定。

　　7月下旬，苏兆征秘密前往九江，发动工人群众拿起武器，投入斗争，积极配合南昌起义的举行。7月19日至24日，中共中央的一些领导人在九江接连召开了几次会议，具体研究讨论关于举行南昌起义的问题。苏兆征亦参加了其中的一些会议。南昌起义前夕，他接到了党中央关于参加筹备召开"八七"会议的通知，兼程赶回武汉，因而没有亲自参加南昌起义。但在他亲自组织发动下的九江工人，联合两万多名起义军如期举行了起义斗争。南昌起义胜利后宣布成立新的革命政权——中国国民党革命委员会时，苏兆征与宋庆龄、邓演达、周恩来、叶挺、贺龙等25人被选为革命委员会委员。

　　苏兆征回到武汉后，立即投入了召开中央紧急会议的筹备工作中。8月3日，中央常委先行召开有瞿秋白、李维汉、苏兆征等人参加的扩大会议，讨论有关召开中央紧急会议的

1927年8月7日，"八七"会议在汉口召开，苏兆征出席了会议，当选为临时中央政治局常委，图为会议记录各项准备工作等问题，确定紧急会议的主要议程，通过会议有关文件决议草案。苏兆征还具体分工负责起草职工运动决议案等工作。

8月7日，中央紧急会议在汉口原三教街41号（现鄱阳街139号）召开。这就是中国共产党历史上著名的"八七"会议。参加会议的有五届中央委员瞿秋白、苏兆征、张太雷、邓中夏、任弼时、顾顺章、罗亦农、陈乔年、蔡和森；中央候补委员李震瀛、陆沉、毛泽东；还有中央监委、共青团、军委、中央秘书、湖南、湖北以及共产国际等方面的代表。

会议制定了党的新路线，确定党在今后的工作方针，揭露和批判了以陈独秀为代表的右倾机会主义路线的错误及其危害，并对土地革命问题和武装反抗国民党反动派的屠杀政策等问题提出一系列正确主张。会议还通过并在全党发布《告党员书》《最近职工运动决议案》《最近农民斗争决议案》等文件。会议选举了临时中央政治局。向忠发、瞿秋白、苏兆征、罗亦农、顾顺章、王荷波、李维汉、彭湃、任弼时9人为政治局委员；邓中夏、周恩来、毛泽东、彭公达、张太雷、张国焘、李立三7人为政治局候补委员。瞿秋白、李维汉和苏兆征三人并担任临时中央政治局常务委员。在中央常委之下，设立组织部、宣传部等部和农民运动委员会、职工运动委员会等机构。苏兆征兼管工委。

"八七"会议结束后，中共中央决定将中央机关从武汉迁到上海。随后，瞿秋白、李维汉和苏兆征等相继离开武汉前往

"八七"会议旧址——汉口三教街41号（今鄱阳街139号）

红旗号外

1927 年 12 月 11 日广州起义在广州举行，苏兆征当选为广州苏维埃政府主席（未到前由张太雷代理），图为《红旗号外》的有关报道。

上海工作。苏兆征等中央领导人艰苦卓绝地领导各地党组织和人民群众继续坚持反抗国民党反动派的斗争。苏兆征不顾严重的白色恐怖，出生入死，往来奔走于上海和武汉等地开展工作。11 月 9 日至 11 日，在瞿秋白主持下，中共中央临时政治局扩大会议在上海召开。苏兆征等人出席了会议。会议提出了"党的责任是努力领导工人日常斗争，发展广大群众的革命，组织暴动"等主张。会议结束后，苏兆征与广东省

委书记张太雷等一起，根据中央关于举行武装暴动的指示精
神，具体研究和制定了广州起义的计划，经中央审查批准。
苏兆征恨不得与张太雷一起赶回广东，与战友们一道直接组
织与指挥广州起义。但因工作需要，此时苏兆征要奉命前往
湖北，代表中央改组和加强湖北省委的工作，因而无法奔赴
广东，直接参与组织领导广州起义的进行。

12月11日，在张太雷、叶挺、周文雍等人的具体领导
下，以第四军教导团、警卫团和广州工人赤卫队为主力的起
义军，胜利地举行广州起义，占领了广州城，随即宣告成立
广州工农民主政府。虽然苏兆征没有亲自参加指挥广州起义，
但由于他在广东广大工农群众中享有崇高的威望，因而被推
举为工农民主政府的主席；在他到任之前，则由张太雷代理。
早期工人运动领导人邓中夏回忆说："东方第一个苏维埃，
1927年12月11日在广州实现了。苏兆征同志便是这个苏维
埃政府的主席。苏兆征虽未亲自指挥广州起义，但中央指导
广州起义的总计划与训令，他是最积极讨论的。因此苏兆征
同志实际上是广州公认的主要指导者之一，是东方第一个苏
维埃的创始者之一。"

这期间，上海工人运动正处于低潮。自蒋介石集团公开
发动"四一二"反革命政变后，在上海实行了惨无人道的大
屠杀。一批批共产党人、工运领袖和革命群众横遭杀害，革
命的上海总工会受到严重摧残而被迫转入地下。国民党反动
派颁布了一系列压迫工人群众的反动法令，对工会组织和工

图为北京《晨报》关于广州起义经过的报道

人群众实行严密控制。当时，上海职工运动受到"左"倾盲动思想的影响，不顾敌人的强大，在没有成功希望的情况下，盲目行动，使工人革命力量受到重大损失。

在上述十分困难的情势下，苏兆征又从湖北返回上海。他沉着机智地开展工作。党中央为了让苏兆征地下工作的方便，特意把他的妻子和儿女从广东接到上海，在上海福煦路（现金陵西路）马吉里地方租了一间房子居住，以作掩护。他经常化装外出工作，时而以茶叶商人的身份出现，身穿马褂，戴着金丝眼镜，化名黄老板；时而又身穿西装外出，有时还带着孩子掩人耳目。他机智地越过敌人设下的重重陷阱，巧妙地甩掉特务的盯梢，出生入死地积极开展工作。有时党中央一些负责人到苏兆征家开会，苏兆征的妻子就坐在门口，假装干活，密切留意四周动静。

在此期间，苏兆征工作虽然十分紧张，但他仍尽量抓紧点滴时间，刻苦学习马克思主义，联系斗争实际，努力改进工作方法，肃清盲动主义的思想影响。他在1928年2月召开的全总第一次扩大会议上，曾经提出在工人群众中组织工厂委员会以代替赤色工会的主张，认为采用工厂委员会的形式可能更有利于团结不同派别的工会和政见的人们，更好地开展斗争。苏兆征在充满白色恐怖的险恶环境里，出生入死，勇往直前，积极开展工作，充分表现了共产党人大无畏的革命精神！

第九章

苏联岁月

苏联岁月

　　1928 年 2 月初，当苏兆征在上海先后召开了太平洋劳动会议秘书处会议和中华全国总工会第一次扩大会议之后，接到了赤色职工国际的来信，邀请他参加在苏联莫斯科举行的赤色职工国际第四次代表大会。2 月中旬，他化装成商人，离开上海，乘船北上，经大连、哈尔滨，秘密越过满洲里边界，进入苏联国境，然后再转乘火车前往莫斯科。

　　1928 年 3 月 18 日，赤色职工国际第四次代表大会开幕，有 50 多个国家的工会代表 500 多人参加大会。中国工会代表团以苏兆征为团长出席大会，受到了人们的热烈欢迎。苏兆征代表中国工会在会上作了关于中国职工运动问题的报告，详细介绍中国工人阶级成长的历史以及当前反抗帝国主义与国民党反动派的斗争情况和经验教训，引起了各国工会代表的普遍注意。会议表示坚决支持中国劳动人民反对国民党反动派残酷镇压中国革命运动和制造白色恐怖的斗争，号召世界各国革命工人从政治、经济各方面给予中国人民大力支持。在选举新的赤色职工国际执委会时，苏兆征被选为执行委员，直接参与了国际职工运动的领导工作。

会后，苏兆征留在苏联，应莫斯科、列宁格勒等地工会组织的邀请，前往参观访问，并向苏联工人群众介绍中国工人阶级的英勇斗争历程。所到之处，受到热烈欢迎。当时苏联报纸评论说："苏兆征为人沉着好静，讲起话来，却充满革命激情。他到处都受到苏联人民的极为热烈的欢迎。"

1928 年 6 月 18 日至 7 月 11 日，中国共产党第六次全国代表大会在莫斯科召开。瞿秋白、周恩来、李立三、苏兆征等 100 多名代表出席大会。苏兆征是大会主席团成员之一。周恩来为大会秘书长。六大分析了大革命失败后中国政治经济的情况，正确解决了中国革命的性质问题，指出中国社会的性质依然是半封建半殖民地社会；中国革命的性质仍然是资产阶级民主革命；革命的总任务就是建立反帝反封建的工农民主专政。会上还对党内存在的错误倾向展开批判。一方面，进一步批判了陈独秀右倾投降主义的错误；另一方面，也批判了"左"倾盲动主义的错误。苏兆征坚决拥护大会的正确路线。

大会最后选举了新的中央委员会。苏兆征当选为六届中央委员会委员。在六届一中全会上，苏兆征当选为中央政治局委员和中央政治局常务委员。苏兆征还分工担任中央工委书记职务。因共产国际第六次代表大会即将举行，大会并选出瞿秋白、周恩来、苏兆征等 20 人为出席共产国际第六次代表大会的代表，苏兆征担任代表团书记。

同年 7 月 17 日，共产国际第六次代表大会在莫斯科举

中共六大会址——莫斯科近郊的兹维尼果罗德镇塞列布若耶别墅。

行。苏兆征率领中共代表团出席大会，受到各国代表的热烈欢迎。苏兆征在会上作了多次发言，着重介绍中国共产党在革命的转折关头及时召开具有重大历史意义的"八七"会议的经过；"八七"会议后中国各地相继举行了一系列武装起义的情况。他还向各国代表介绍了中国共产党当前面临的斗争任务，论述了中国共产党与各国共产党的相互关系等问题。大会最后选举新的执行委员会。苏兆征、瞿秋白和向忠发3人代表中国共产党当选为新的执行委员，周恩来等当选为候补执行委员，另有一些中国代表当选为监察委员会委员等。

在此期间，苏兆征还出席了在莫斯科举行的中国共产主义青年团第五次代表大会，并在会上发表了热情洋溢的祝词；接着再参加了农村工会国际代表大会等活动。由于苏兆征夜以继日地工作，长期处于紧张状态之中，操劳过度，健康状况日渐恶化。同志们劝他注意休息，但他总是停不下来。就在共产国际六大结束后不久的一个晚上，他突然病倒了。后经医生诊断，是患了盲肠炎。因苏兆征身体过于虚弱，不能动手术，医生让他服用一些药物，并建议他在苏联休养一段时间，待身体稍好时再考虑施行手术。

苏兆征接受了医生关于先服用药物的意见，而对于休养的意见却不以为然。他为了中华民族的解放事业，毫不考虑个人的得失，继续以最大的热忱和坚强的毅力，投入紧张的工作之中。这期间，他继续参加了向苏联一些工会作报告、交流从事职工运动的经验教训等活动。有时，他在报告过程中头上冒着冷汗，脸色发青，但仍然咬牙坚持下去。为他做翻译的工作人员被他这种坚强刚毅的革命意志所感动，忍不住流下了热泪。

后来，组织上决定送苏兆征到苏联克里米亚疗养。他在疗养期间，利用这个机会积极学习马克思主义，同时联系革命实践，撰写了一本关于1922年香港海员大罢工的小册子，论述中国海员受压迫剥削的悲惨生活以及香港海员罢工过程中所取得的成果和经验教训。

苏兆征身在苏联，仍心挂祖国。他每当想到祖国人民正在饱受国民党反动派和帝国主义的统治压迫时，心情就万分难过，无法安心休养下去。因此，在病尚未痊愈的时候，1929年1月，他坚持抱病离开苏联，不顾长途跋涉和舟车劳累，风尘仆仆地回到祖国。

1928 年苏兆征在苏联从事国际职工运动出席国际会议一览表

会议名称	会议地点	开会时间	参会国家人数	苏兆征身份	苏兆征所任职务	苏兆征所作报告
赤色职工国际第四次代表大会	莫斯科	1928.3.18	50多个国家500多人	中国职工代表团团长	赤色职工国际执委会执行委员	中国职工运动问题
共产国际第六次代表大会	莫斯科	1928.7.17-9.1		中国共产党代表团团长	纲领起草委员会委员、共产国际第六届执行委员	向大会致贺词两次重要发言
农村工会国际代表大会	莫斯科				农村工会国际执委会副委员长	
苏联总工会第八次代表大会	莫斯科					关于中国职工运动问题
其他职务及国际职工运动活动	莫斯科、列宁格勒南俄	任中国共产党驻共产国际代表团书记，应苏联工会组织的邀请参观访问发表演说				

珠海市纪念苏兆征一百周年诞辰塑像落成典礼

第十章

战斗不息

战斗不息

　　1929 年 2 月上旬，苏兆征回到上海。他顾不上长途跋涉的劳累和未愈的病情，也顾不上返回家中与家人团聚，就马不停蹄地立即投入到紧张的工作之中。

　　这期间，苏兆征住在党组织安排的一个地方。他虽然好几次路过自己的家门口，但由于工作的需要，一直没有进去与家人团聚，只是在门口略为停留一下，就匆匆地走过去了，因此他家人一直不知道他已经回到了上海。后来，春节快到了，同志们一再催促他回家与亲人一道过年，这样，他才于 2 月 8 日，即春节前两天返回家中。在苏兆征去苏联一年的时间里，他的妻子钟荣胜一直为他音信全无而担惊受怕，当苏兆征突然出现在跟前时，钟荣胜与孩子们都惊喜万分。一家人高高兴兴地过了一个快乐的春节。

　　春节过后，苏兆征依旧又以"黄先生"身份出现，为革命事业奔跑不停。他白天外出工作，夜间很晚才回家。他在家里有时工作处理完毕，就腾出一些时间，辅导孩子学习，给他们讲故事，教育他们日后长大时，要做一个对祖国对人民有贡献的人；但对自己的病情，却始终没有告诉家人。

　　2月中旬，苏兆征在上海主持召开中华全国总工会第二次扩大会议。他在会上作了关于出席赤色职工国际第四次代表大会经过的报告；并结合中国共产党第六次全国代表大会的精神，总结前一段白区职工运动的经验教训，特别是对盲动主义错误给工作带来的损失，作了认真深刻的检讨；对今后全国职工运动的进行，他与到会同志一道进行了认真探讨。

　　苏兆征从苏联返回上海后，由于一直孜孜不倦地工作，终于劳累过度，在全国总工会第二次扩大会议结束后不久便又病倒了，而且病情日趋严重。但他仍以党的利益为重，严守党的秘密，既不愿将病情告诉别的同志，以免增加党的负担；也不愿将党组织的秘密联络地址轻易告诉

苏兆征妻子钟荣胜

家人，以免给党造成不利和危险。直到他的病情进一步恶化时，他的妻子钟荣胜经过一番周折，把他送进附近一间私人医院抢救。但因为延误了时间，他的生命已处于垂危状态。

2 月 25 日，在党中央机关搞具体工作的龚饮冰去苏兆征家中探望时，从房东口中知道"黄先生病重，已经住医院了"。他大吃一惊，立即赶到医院，那时苏兆征已经处于弥留状态。龚饮冰站在他的床边，低声问他感觉怎样？苏兆征气息奄奄说："不要紧，希望快点好，早日出院。我还有很多工作要做。"龚饮冰十分着急地找到医院有关医生了解苏兆征的病情。医生说："迟了，难望好转。"龚饮冰恳求医生尽力抢救，多打强心针，以挽救苏兆征的生命；接着赶紧回去向党中央负责同志报告苏兆征的病情。

当天下午，周恩来、邓小平、李立三、向忠发和邓颖超等人闻讯赶到医院。但此时苏兆征已经处于弥留状态了。苏兆征看见同志们前来探望他，就极力振作起来，用十分微弱的声音，断断续续地说着："广大人民已无法生活下去了，要革命，等待着我们去组织起来，希望大家共同努力奋斗！"

歇了一会，苏兆征挣扎着继续说道："希望同志们同心合力，继续奋斗，使革命事业最后得到成功！"他用恳求的眼光望着大家说："我的妻子和小孩子，可以送到莫斯科去，请你们与组织商量一下，好吗？"

最后，他又挣扎着，断断续续地重复说道："大家同心合力起来，……达到我们（革命的）最后成功……"站在旁边的邓颖超，从怀中拿出了一支笔，迅速地在一张纸片上把苏兆征的遗言记录了下来：

大家共同努力奋斗，

大家同心合力起来，

一致合作，达到我们最后成功！

夫人小孩送莫（莫斯科）可以，小孩子去莫与团体商量。

苏兆征在生命的最后一息，对党的事业依然忠心耿耿，

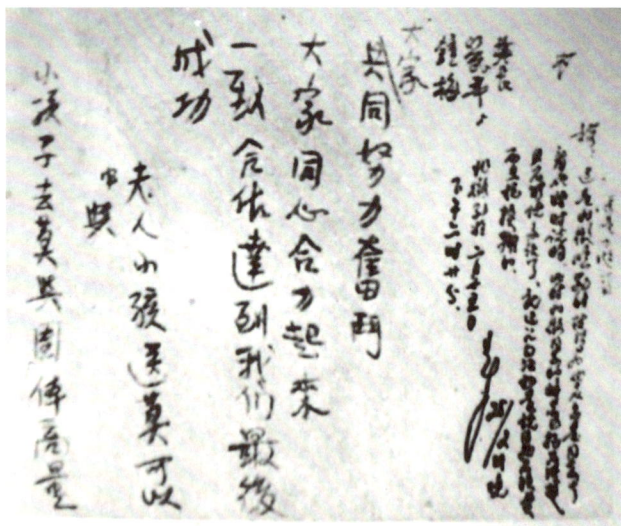

1929年2月25日苏兆征的临终遗嘱（由邓颖超记录，周恩来在旁边加注释）。

安放于上海烈士陵园的苏兆征墓

念念不忘组织群众进行革命斗争，念念不忘加强党的团结，对祖国民族解放事业始终充满着必胜的信念。这种崇高的革命品德多么令人感动！

1929年2月25日下午6时20分，因抢救无效，苏兆征闭上眼睛，溘然长逝！他为了人民的解放事业，毕生奋斗，战斗不息，鞠躬尽瘁，献出了自己宝贵的生命！

当天晚上，邓颖超把苏兆征的遗嘱交给周恩来转党中央。周恩来随即在邓颖超记录的苏兆征遗言的纸上，写下了一段注释，叙述苏兆征弥留的情形：

> 这是小超记的。……这是兆征临终时政治局代表忠发同志去看他时说的。此时兆征同志的神志已极不清楚，且不能多说话了。就这几句话也是说的极不联贯而且极模糊的。兆征死于二月廿五日下午六时廿分。

苏兆征逝世后第二天，即2月26日，党中央政治局召开第24次会议，对苏兆征不幸逝世表示沉痛哀悼，并发出第32号通告，号召党内外广大群众一致起来，继承苏兆征的奋斗精神，坚决完成革命的事业。3月4日，中华全国总工会为悼念苏兆征不幸逝世，发出致各级工会的第9号通告说："他的死，不独是中国工人的不幸，也是世界工人阶级极不幸的事！"通告号召工人群众"应当继续他遗留给我们的革命使命，勇往前进！"

由中华全国总工会主办的《劳动》于 1930 年 2 月出版《纪念苏兆征特刊》。

赤色职工国际及各国工人阶级也为苏兆征的逝世举行了一系列悼念活动。苏联海参崴海员俱乐部为纪念苏兆征，特改名为"苏兆征俱乐部"。法国共产党机关报《红旗报》就苏兆征逝世发表纪念文章说："苏兆征不仅是中国无产阶级的领袖，而且也是中国共产党和世界共产主义革命的领袖。苏兆征同志的逝世，不仅是中国无产阶级和党的不可估量的损失，也是世界革命的损失。"赤色国际工会为苏兆征逝世特别编辑出版了一份纪念特刊。

中共中央为了避免国民党反动派对其家属的迫害，遵照苏兆征的遗嘱，及时将他的家属安全转移到苏联，委托国际革命救济会安置他们的生活。

苏兆征故乡珠海人民群众永远怀念苏兆征。1985年11月，苏兆征诞辰100周年的时候，珠海人民隆重举行了一系

1985年11月，珠海市举行纪念苏兆征一百周年诞辰塑像落成典礼。

列纪念活动，并在珠海和淇澳竖立了苏兆征的塑像，供后人瞻仰。

苏兆征作为中国早期工人运动的领导人，工人阶级的光辉榜样，共产主义的杰出战士，永远活在中国人民的心中！

附 录

苏兆征生平活动简表

1885 年（清光绪十一年）

11 月 11 日（农历十月初五），出生在广东省香山县淇澳岛东溪坊（今广东省珠海市唐家湾镇淇澳村）。

1895 年

在外祖母帮助下，在村私塾念书，三年后辍学。

1903 年

离开家乡，在香港洋行所属"乐生"号轮船上做工，被无理解雇后，断断续续地在其他外轮打工，开始海员生涯。

1908 年

积极参加孙中山领导的反清革命活动，并于是年加入中国同盟会。

1921 年

3 月　在苏兆征、林伟民等积极发动与组织下，中华海员工业联合总会（简称"香港海员工会"）在香港成立，这是中国最早成立的现代产业工会组织之一。

1922 年

1 月 12 日　由于第三次向资方提出增加工资的要求又遭

拒绝，香港海员乃一致举行罢工。罢工后，海员们返回广州，设海员罢工总办事处，苏兆征被选为海员罢工总办事处总务部主任，成为罢工的实际领导人。

2月16日　海员工会会长陈炳生因杀妻犯罪，苏兆征被选为代理会长。

3月6日　香港海员坚持斗争，终于迫使港英政府低头屈服，接受罢工海员的条件，并将工会招牌送回香港海员工会。成千上万的香港市民聚集在工会门前庆祝胜利。

3月7日　苏兆征代表香港海员工会发出正式复工的通知。坚持56天的香港海员大罢工至此胜利结束。

5月1日　第一次全国劳动大会于广州召开。苏兆征、林伟民等代表香港海员工会参加。

1923年

秋　工贼翟汉奇把持工会，为非作歹。苏兆征带领香港海员对他进行清算，重新整顿和健全工会。

冬　香港海员工会改选，苏兆征当选第二届工会委员，担任司理职务。

1924年

6月　代表香港海员工会与全国铁路总工会参加在广州举行的东方太平洋运输工人代表大会的辞行备和组织工作。年底，香港海员工会改选，苏兆征再次当选为工会干事，担任司理一职。

1925 年

3 月　代表香港的工人团体到北京，参加国民会议促成会全国代表大会。会议期间，正式提出加入中国共产党。

4 月下旬　从北京返回广州，参加第二次全国劳动大会的筹备工作。

5 月 1 日　第二次全国劳动大会在广州举行。苏兆征参加大会，当选为中华全国总工会执行委员。

6 月初　奉中共党组织指示，返回香港发动香港工人举行反帝罢工斗争。

6 月 19 日　省港大罢工爆发。香港海员工会在苏兆征领导下，首先罢工。

7 月 3 日　省港大罢工委员会正式成立。苏兆征被选为委员长兼财政委员会委员长。

7 月 4 日　主持召开罢工委员会第二次常委会，报告财政委员会成立经过及推举干事局各部负责人。

1926 年

1 月 5 日　全国海员第一次代表大会在广州举行，苏兆征主持大会。大会决定成立全国海员总工会，苏兆征当选为执委会委员长兼文书部主任。

1 月 14 日　第三次全国劳动大会在广州举行，苏兆征当选为执委会委员长。

5 月 1 日　第三次全国劳动大会在广州举行，苏兆征主持大会，当选为中华全国总工会执行委员和执行委员会委员长。

10月10日　省港罢工委员会决定从是日起停止封锁香港和结束罢工，苏兆征在会上宣读罢工委员会关于停止封锁宣言。

1927 年

3月10日　国民党二届三中全会在汉口举行，决定由国共两党共同指导工农运动，在武汉国民政府内增设劳工、农政两部，由共产党人担任部长。中共中央决定派苏兆征、谭平山分别担任部长。

3月28日　离开广州前往湖北工作，主持全国总工会工作。

4月27日　出席在武汉召开的中国共产党第五次全国代表大会，当选为中央委员及中央政治局委员。

5月20日　第二届太平洋劳动会议在汉口开幕，苏兆征在开幕典礼上致开幕词，并与李立三、刘少奇等主持大会进行。会议决定在上海设太平洋劳动会议秘书处，苏兆征任秘书处成员。

6月19日　全国第四次劳动大会在汉口举行，苏兆征主持大会并致开幕词。会上苏兆征再次当选为全总执委会委员长。

8月7日　出席中共中央在汉口召开的紧急会议即著名的"八七"会议。

8月9日　中共中央临时政治局举行第一次会议，选举瞿秋白、李维汉、苏兆征三人为临时中央政治局常务委员。

9月下旬　中共中央开始从武汉迁往上海，苏兆征往来于武汉与上海之间。

11月9日　中共中央临时政治局扩大会议在上海召开，苏兆征等人出席了会议，会上正式决定举行广州起义。会后，苏兆征与张太雷等人于上海共同研究制定关于广州起义的计划，经中央常委会讨论通过。

12月11日　在张太雷、叶挺等具体领导下，广州起义军和工农群众举行武装起义，并成立了广州工农民主政府。苏兆征因工作需要，没能参加领导起义工作，但仍被选为工农民主政府主席。

1928 年

3月18日　赤色职工国际第四次代表大会在莫斯科举行，苏兆征以团长身份率领中国工会代表团参加大会，当选执行委员。会后，应苏联各地工会邀请，前往参观访问。他还应邀出席苏联总工会第八次代表大会，参加农村工会国际代表大会，当选为农村工会国际执委会副委员长。

6月18日　中国共产党第六次全国代表大会在莫斯科召开，苏兆征作为广东代表团正式代表参加大会，当选为六届中央委员会委员及中央政治局常务委员，并分工担任中央工委书记职务。

7 月 17 日　共产国际第六次代表大会在莫斯科举行，苏兆征作为中共代表团书记，率领中共代表团参加大会，当选为执行委员，因积劳成疾，留在苏联医治一段时间。

1929 年

1 月　抱病离开苏联回国，2 月初返抵上海。

2 月 17 日　在上海主持召开中华全国总工会第二次扩大会议。

2 月 25 日　因旧病复发，病情恶化，抢救无效，不幸在上海医院病逝。逝世前留下"大家共同努力奋斗，大家同心合力起来，一致合作"，达到革命的胜利的遗言。